Ce titre a été relié avec d'autres titres
à l'intérieur d'un même volume

TRAITÉ

DU CONTRAT

DE CHANGE,

DE LA NEGOCIATION

Qui se fait par la Lettre de Change ; des Billets de Change, & autres Billets de Commerce.

TOME SECOND.

A PARIS,

Chez DE BURE Pere, Quai des Augustins ; à l'Image S. Paul.

A ORLEANS,

Chez la Veuve ROUZEAU-MONTAUT, Imp. du Roi, de la Ville, & de l'Université.

M. DCC. LXVIII.

Avec Approbation & Privilege du Roi.

TABLE
DES CHAPITRES,

*Articles, Sections & Paragraphes,
contenus dans ce Volume.*

PREMIERE PARTIE.

CHAPITRE V.

PARTIE II.

Fin de la Table des Chapitres.

TRAITÉ

TRAITÉ
DU CONTRAT
DE CHANGE.

1. ON appelle *change*, l'échange d'argent contre d'autre argent.

C'eſt une eſpece de change lorſqu'on change une eſpece de monnoie contre une autre eſpece de monnoie, comme des louis d'or contre des écus, des écus contre de la menue monnoie.

Ce change peut ſe faire entre toutes ſortes de perſonnes, mais on ne peut changer d'anciennes eſpeces contre de nouvelles, qu'avec les changeurs publics ; car le commerce en eſt défendu.

Ce change, qui se fait dans un même lieu, d'une espece d'argent contre une autre espece d'argent, est celui que les Docteurs appellent *cambium reale vel manuale.*

2. Nous n'avons rien à dire sur cette espece de contrat de change : celui dont nous nous proposons de traiter, est un contrat par lequel je vous donne ou je m'oblige à vous donner une certaine somme en un certain lieu, pour & en échange d'une somme d'argent que vous vous obligez de me faire compter dans un autre lieu.

C'est le contrat de change que les Docteurs appellent *cambium locale, mercantile, trajectitium.*

3. Ce contrat s'exécute par le moyen de la lettre de change. On peut définir la lettre de change : une lettre revêtue d'une certaine forme prescrite par les loix, par laquelle vous mandez au correspondant que vous avez dans un certain lieu, de m'y compter, ou à celui qui aura mon ordre, une certaine somme d'argent, en échange d'une somme d'argent ou de la valeur que vous avez reçue ici de moi, ou réellement ou en compte.

Il ne faut pas confondre la lettre de change avec le contrat de change ; la lettre de change appartient à l'exécution du contrat de change, elle eſt le moyen par lequel ce contrat s'exécute, elle le ſuppoſe & l'établit; mais elle n'eſt pas le contrat même.

4. Lorſque celui qui par le contrat de change s'eſt obligé de me faire toucher une ſomme dans un certain lieu, n'a pas une lettre de change prête, il me donne en attendant un billet par lequel il s'engage de me fournir une lettre de change ſur le lieu où il s'eſt obligé de me faire toucher la ſomme : on appelle cette eſpece de billet, un billet de change.

On appelle auſſi *billet de change* le billet par lequel celui à qui on a fourni une lettre de change dont il n'a pas payé la valeur, s'oblige de la payer.

5. Nous diviſerons ce Traité en deux Parties. Nous traiterons dans la premiere du contrat de change, & de la négociation qui ſe fait rélativement à ce contrat, par le moyen de la lettre de change. Dans la deuxieme Partie, nous traiterons des billets de change & des autres billets de commerce.

PREMIERE PARTIE.

*Du contrat de change, & de la négociation
rélative à ce contrat, qui se fait par la
Lettre de change.*

NOus diviferons cette Partie en fix
chapitres. Dans le premier, nous
examinerons quelle eft l'origine du contrat de change & de la lettre de change,
& quelles en font les différentes efpeces.
Nous traiterons dans le deuxieme, des perfonnes qui interviennent dans la négociation de la lettre de change. Dans le
troifieme, de la forme de la lettre de
change & des autres actes qui interviennent dans cette négociation. Dans le
quatrieme, des différents contrats & quafi
contrats que renferme la négociation de
la lettre de change, des obligations & des
actions qui en naiffent. Dans le cinquieme, de l'exécution de la négociation de
la lettre de change, des protêts & autres
procédures qui en font la fuite. Dans le
fixieme, des différentes manieres dont
s'éteignent les droits & actions réfultants
de la négociation de la lettre de change,
& des prefcriptions auxquelles ils font
fujets.

CHAPITRE PREMIER.

*Quelle est l'origine du Contrat de change &
de la lettre de change, & quelles sont les
différentes especes de lettres de change.*

§. I.

*Quelle est l'origine du contrat de change &
de la lettre de change.*

6. IL n'y a aucun vestige de notre contrat de change ni des lettres de change dans le Droit Romain ; ce n'est pas
qu'il n'arrivât quelquefois chez les Romains qu'on comptât pour quelqu'un une
somme d'argent dans un lieu à une personne qui se chargeoit de lui en faire
compter autant dans un autre lieu ; ainsi
nous voyons dans les lettres de Cicéron
à Atticus, que Cicéron voulant envoyer
son fils faire ses études à Athenes, s'in-
forme, si pour épargner à son fils de
porter lui-même à Athenes l'argent dont
il y auroit besoin, on ne trouveroit pas
quelque occasion de le compter à quelqu'un à Rome, qui se chargeroit de le lui

faire compter à Athenes. *Epiſt. ad Att.*
XII. 24 *XV.* 25. Mais cela n'étoit point
la négociation de lettres de change telle
qu'elle a lieu parmi nous ; cela ſe faiſoit
par de ſimples mandats : Cicéron chargeoit quelqu'un de ſes Amis de Rome
qui avoit de l'argent à recevoir à Athenes, de faire tenir de l'argent à ſon fils
à Athenes, & cet ami, pour exécuter le
mandat de Cicéron, écrivoit à quelqu'un
des débiteurs qu'il avoit à Athenes, & le
chargeoit de compter une ſomme d'argent au fils de Cicéron. Au reſte on ne
voit point qu'il ſe pratiquât chez les Romains comme parmi nous un commerce
de lettres de change ; & nous trouvons au
contraire en la loi 4, §. 1, ff. *de naut.*
faen. qui eſt de Papinien : que ceux qui
prêtoient de l'argent à la groſſe aventure
aux marchands qui trafiquoient ſur mer,
envoyoient un de leurs eſclaves pour recevoir de leur débiteur la ſomme prêtée,
lorſqu'il ſeroit arrivé au Port où il devoit
vendre ſes marchandiſes ; ce qui certai-
nement n'auroit pas été néceſſaire, ſi le
commerce des lettres de change eût été
en uſage chez les Romains.

7. Quelques Auteurs ont prétendu que
l'uſage du contrat de change & des lettres
de change eſt venu de la Lombardie, &
que les Juifs qui y étoient établis en ont

été les inventeurs : d'autres en attribuent l'invention aux Florentins, lorſqu'ayant été chaſſés de leur pays par la faction des Gibelins, ils s'établirent à Lyon & en d'autres Villes. Il n'y a rien ſur cela de certain, ſi ce n'eſt que les lettres de change étoient en uſage dès le quatorzieme ſiecle. C'eſt ce qui paroît par une loi de Veniſe de ce temps, ſur cette matiere rapportée par Nic *de Paſſerib.* en ſon Livre *de Script. Privat. lib.* 3.

§. II.

Des différentes eſpeces de lettres de change.

8. Savary diſtingue quatre eſpeces de lettres de change. La premiere, eſt de celles qui n'expriment point quelle eſpece de valeur a été reçue de celui à qui la lettre de change a été fournie, & qui portent purement & ſimplement *valeur reçue.*

L'uſage de cette premiere eſpece de lettre de change eſt défendu par l'Ordonnance de 1673, *T.* 5. *art.* 1, comme nous le verrons par la ſuite.

9. La ſeconde eſpece, eſt de celles qui expriment l'eſpece de valeur qui a été reçue de celui à qui on les a fournies, ce qui s'exprime ou par ces termes *valeur*

reçue comptant, lorsque c'est en argent que la valeur a été reçue ; ou par ceux-ci, *valeur reçue en marchandises*, lorsque c'est pour le prix de marchandises que la lettre de change a été fournie.

C'est celle de cette seconde espece qui est le plus en usage, & qui est parfaitement lettre de change.

10. La troisiéme espece, est de celles qui sont pour *valeur en soi-même*.

Je tire en ces termes une lettre à mon ordre, sur Pierre Marchand de Lyon qui me doit mille écus : « M. Pierre » vous payerez à mon ordre à telle » échéance la somme de mille écus valeur » en moi-même que je vous passerai en » compte « & je la lui fais accepter. Il est dit *valeur en moi-même*, parce que je n'en ai pas encore reçu la valeur de personne ; ensuite je donne ici cette lettre acceptée à un courtier pour me chercher une personne qui m'en donne la valeur, & je passe mon ordre & endossement à cette personne *valeur reçue comptant d'elle*. Cette lettre avant mon endossement n'est pas proprement une lettre de change, ce n'est que par l'endossement que je fais au profit de celui qui m'en donne la valeur, que se contracte le contrat de change, & qu'elle devient une véritable lettre de change.

Lorſque la lettre porte : Vous payerez à un tel, *valeur en moi-même*, ou *valeur de moi-même*, ou *valeur rencontrée en moi-même*, cette lettre n'eſt pas non plus une lettre de change : mais un ſimple mandement : ces termes *valeur en moi-même* & les autres ſemblables, ne ſe réferent pas à celui à qui la lettre eſt payable, mais à celui ſur qui elle eſt tirée ; & ils ne ſignifient autre choſe ſinon que le tireur tiendra compte à celui ſur qui elle eſt tirée, lorſqu'il l'aura acquittée, de la valeur de la lettre, en déduction de ce qui eſt dû au tireur par celui ſur qui elle eſt tirée. A l'égard de celui à qui la lettre eſt payable, la lettre ne portant pas qu'il en ait payé aucune valeur au tireur ; il ne peut avoir en cas de refus de paiement aucun recours de garantie contre le tireur ; au contraire, ſi la lettre lui eſt payée, il devient débiteur envers le tireur de la ſomme par lui reçue, c'eſt l'interprétation de Savary, *Tome 2, parer. 35.*

11. La quatrieme eſpece, eſt de celles qui ſont pour *valeur entendue*, en voici un exemple.

Je demeure à Orléans & j'ai trois mille livres à recevoir à Lyon, je vais trouver un Marchand à Orléans qui fait commerce à Lyon, à qui je propoſe de lui donner une lettre de change de trois mille livres fur mon débiteur de Lyon pour trois mille livres qu'il me comptera ici ; il veut bien prendre ma lettre de change, mais ne fe fiant pas à moi, il ne me veut compter les trois mille livres que lorf-qu'il aura eu avis de fon correfpondant de Lyon que la lettre de change que je lui aurai donnée, aura été acquittée ; & pour cela il me donne un billet portant recon-noiffance de la lettre de change & pro-meffe de payer lorfqu'elle aura été acquit-tée. Il étoit autrefois d'ufage en ce cas de concevoir la lettre de change en ces ter-mes, *valeur entendue*, ce qui fignifie que la valeur n'en a pas encore été fournie à celui qui a donné la lettre de change. Sa-vari nous apprend que cette quatrieme efpece de lettre de change n'eft plus en ufage.

Le tireur dans cette efpece ne fait plus de difficulté d'exprimer, *valeur reçue comptant*, regardant la reconnoiffance qu'on lui a donnée comme de l'argent comptant, ou bien l'on met, *valeur en compte*.

Cette efpece de lettre de change *va-leur en compte*, eft aujourd'hui d'un fré-quent ufage ; elle fe fait de même que celles de la feconde efpecé, en exécution d'un contrat de change ; celui qui me la fournit échange l'argent qu'il me donne à recevoir dans le lieu où elle eſt tirée, contre celui qu'il me doit, & dont je m'oblige de lui tenir compte ici.

12. Il y a une autre diviſion des lettres de change, qui ſe tire des différents temps dans leſquels elles ſont payables.

La premiere eſpece, eſt de celles qui portent qu'elles ſeront payées *à vue*.

Ces termes *à vue*, ſignifient que la lettre doit être acquittée auſſi-tôt que le porteur la préſente.

13. La ſeconde eſpece eſt de celles qui ſont à tant de jours de vue, comme *à ſix jours de vue*, *à huit jours de vue*, &c.

Ces lettres renferment un terme de paiement, qui ne court que du jour *de la vue*, c'eſt-à-dire, du jour qu'elles ont été préſentées & acceptées par celui ſur qui elles ſont tirées; & dans ce temps, on ne compte point le jour de l'acceptation, ſuivant cette regle, qu'en fait de délais, le jour duquel court le délai n'eſt pas ordinairement compté dans le délai; *dies à quo non computatur in termino.* Si donc j'ai une Lettre de change payable à ſix jours de vue, & que je la faſſe accepter le premier d'Octobre, l'accepteur aura de droit, ſuivant le texte de la Lettre, un terme de paiement de ſix jours, qui ne courra que depuis le premier Oc-

tobre, icelui jour non compris, & n'ex-
pirera par conséquent que le 7 Octobre.

14. La troisieme espece est de celles qui
sont payables à un certain jour nommé,
comme au 15 Octobre prochain.

15. La quatrieme espece est de celles
qui sont payables à une usance, ou à
deux, ou à un plus grand nombre d'u-
sances.

Ce mot d'*usance* vient d'*usage*, & signifie le temps qu'il est d'usage dans un
pays d'accorder pour le paiement des lettres de change.

Ce temps est réglé par l'Ordonnance
de 1673, *Tit. 5 Art. 5*, à trente jours,
soit que le mois de la date de la lettre de
change ait plus ou moins de jours.

Ce temps court du jour de la date de la
lettre de change, icelui non compris.

Une lettre payable à une usance est
donc une lettre payable dans les trente
jours du jour de la date. Une lettre à deux
usances est une lettre payable dans les
soixante jours, *&c.*

S'il n'étoit pas dit simplement *à tant
d'usances*, mais *à tant d'usances de vue*,
il faudroit compter les usances, non du
jour de la date de la lettre, mais du jour
de la vue, c'est-à-dire, du jour de la date
de l'acceptation, qui est celui auquel la
lettre a été présentée, Savary, *Parer.* 47.

16. La cinquieme efpece eft de celles qui font payables à certains temps folemnels de Foire.

Par exemple, il y a à Lyon quatre temps folemnels de Foire, qu'on appelle vulgairement *les payemens de Lyon*, qui font chacun d'un mois, fçavoir celui des Rois, celui de Pâques, celui d'Août, & celui de la Touffaint.

Les lettres de change payables à ces temps de Foire, ne font mention que du temps de la Foire, fans faire autre mention précife du jour.

Suivant un Réglement du 2 Juin 1667, rendu pour Lyon, *art.* 1, les paiemens, doivent fe faire depuis le premier jour jufqu'au fixieme inclufivement; & l'on peut commencer dès le feptieme jour les pourfuites, faute de paiement.

CHAPITRE II.

Des perſonnes qui interviennent dans la né-
gociation de la Lettre de change, & de la
qualité qu'elles doivent avoir.

§. I.

Des perſonnes qui interviennent dans la
négociation de la Lettre de change.

17. IL intervient ordinairement quatre
perſonnes dans la négociation d'une
lettre de change ; il en faut au moins
trois.

1°. Celui qui fournit la lettre de change, qu'on appelle *trahens* ou *tireur*.

2°. Celui qui acquiert du tireur la lettre
de change pour la valeur qu'il lui en
compte, ou qu'il s'oblige de lui compter ;
on l'appelle *donneur de valeur*, ou *remit-*
tens.

Obſervez que je ne ſuis pas moins cenſé
être le donneur de valeur, acquéreur &
propriétaire de la lettre de change quoique je n'en aie pas moi-même compté
la valeur au tireur, & que ce ſoit un autre qui la lui ait comptée pour moi &

pour mon compte ; car *fictione brevis manûs*, je suis censé avoir reçu de mon correspondant la somme qu'il a comptée pour mon compte & en mon nom au tireur, & l'avoir moi-même donnée au tireur ; comme dans cette espece : Robert d'Orléans a écrit à Pierre de Paris son correspondant de lui chercher une lettre de change de tant sur Lyon ; Pierre ayant trouvé Paul qui avoit des lettres de change à tirer sur Lyon, & Pierre ne voulant pas être garant de la lettre, prend de Paul, pour le compte de Robert, une lettre de change conçue en ces termes : *Mr. Jacques de Lyon, vous payerez à l'ordre de Robert d'Orléans la somme de tant, valeur reçue de Pierre :* ce n'est point Pierre qui est censé intervenir dans la négociation, si ce n'est pour prêter à Robert la somme qu'il compte pour lui au tireur ; c'est Robert qui contracte avec ce Paul, par le ministere de Pierre, c'est Robert qui est l'acquéreur & le propriétaire de la lettre de change, & aux risques de qui elle est.

3°. Celui à qui elle est adressée & qui la doit payer, lequel lorsqu'il l'a acceptée, s'appelle *accepteur* ou *acceptans*.

4°. Celui qui en doit recevoir la valeur & à qui pour cet effet le donneur de valeur paſſe ſon ordre au dos de la lettre & la lui remet pour la recevoir pour ledit donneur de valeur, & comme ſon mandataire. On appelle cette perſonne *le porteur de la lettre*, ou *præſentans*.

18. Quelquefois néanmoins cette négociation ſe fait en trois perſonnes ſeulement, ſçavoir lorſque celui qui a donné la valeur & qui a reçu la lettre de change, eſt un voyageur qui doit aller au lieu où la lettre de change doit être payéé, en recevoir lui-même le paiement ; il eſt en même-temps le donneur de valeur & le porteur, le *remittens* & le *præſentans*.

19. Il y a encore deux autres cas où il ne paroît que trois perſonnes dans la négociation de la lettre de change.

Le premier eſt, lorſque celui ſur qui la lettre eſt tirée, eſt en même temps le commiſſionnaire du tireur & de celui à qui la lettre eſt fournie, & qu'en conſéquence la lettre de change porte, *vous payerez à vous-même la ſomme de tant*, *valeur reçue comptant d'un tel.*

Obſervez que quoique dans cette négociation il ne paroiſſe que trois perſonnes ; il y en a virtuellement quatre ; car celui à qui on écrit de payer à ſoi-même, tient la place de deux perſonnes ; il eſt le mandataire du tireur, il acquitte pour le tireur la lettre de change ; & le mandataire du donneur de valeur, il reçoit pour le donneur de valeur ; il eſt en même-temps *acceptans & præſentans.*

20. Le ſecond cas eſt lorſque je tire une lettre de change ſur mon débiteur, *valeur en moi-même* ; il n'y a que trois perſonnes dans cette négociation, mon débiteur qui doit payer la lettre de change, mon correſpondant qui doit la recevoir pour moi, & moi qui ſuis tout-à-la-fois & le tireur & le donneur de valeur ; mais cette lettre n'eſt pas proprement lettre de change, comme nous l'avons déja obſervé *ſuprà. N.* 10.

21. De même que dans la négociation d'une lettre de change, une ſeule perſonne tient lieu quelquefois, & fait la fonction de deux, comme nous le venons de voir ; de même auſſi quelquefois pluſieurs perſonnes ne tiennent lieu que d'une partie : comme lorſque pluſieurs aſſociés fourniſſent enſemble à quelqu'un une lettre de change ; tous ces aſſociés ne font qu'une même partie dans la négociation ; ils s'engagent tous ſolidairement comme tireurs de la lettre envers celui à qui ils la fourniſſent : pareillement lorſque la lettre eſt tirée ſur pluſieurs aſſociés qui l'acceptent ; ils ſont tous enſemble & ſolidairement ac-

cepteurs, & ne font tous enfemble qu'une même partie dans la négociation.

22. Outre les quatre perfonnes ou parties qui interviennent ordinairemer dans la négociation de la lettre de change, il en intervient quelquefois un plus grand nombre.

C'eft ce qui arrive lorfqu'il y a plufieurs endoffemens.

On appelle endoffement la fubftitution que celui à qui la lettre de change appartient, fait d'une autre perfonne à la fienne, pour en recevoir le paiement à fa place.

On appelle cette fubftitution *endoffement*, parce qu'elle fe fait par un Acte écrit au dos de la lettre de change, & conçu en ces termes : *Pour moi payerez à un tel.*

Cela s'appelle auffi, *paffer fon ordre à quelqu'un.*

23. Ces endoffemens font de deux efpeces ; les uns ne contiennent qu'un fimple ordre ou mandat que la perfonne à qui la lettre de change appartient, donne à la perfonne dénommée en l'endoffement, pour recevoir comme fon mandataire le paiement de la lettre de change, & lui en rendre compte. Tels font ceux qui ne contiennent que ces termes : *Pour moi payerez à un tel.*

Les autres endoſſemens contiennent une ceſſion & tranſport de la lettre de change, qui eſt faite par l'endoſſeur à la perſonne dénommée en l'endoſſement ; tels ſont ceux qui ſont ainſi conçus : *Pour moi payerez à un tel, ou à ſon ordre, valeur reçue de lui comptant,* ou bien *en marchandiſes.*

24. La perſonne dénommée en l'endoſſement de cette ſeconde eſpece devenant propriétaire de la lettre de change, il ſuit de-là qu'elle peut elle-même faire un ſecond endoſſement pareil au profit d'une autre perſonne ; ce qui fera une cinquieme perſonne qui interviendra dans la négociation de la lettre de change ; & pareillement la perſonne dénommée au ſecond endoſſement devenue propriétaire de la lettre de change, peut faire un troiſieme endoſſement au profit d'une autre perſonne, ce qui fera une ſixieme perſonne ; *& ſic in infinitum.*

25. Outre les perſonnes dont nous avons parlé, il intervient encore quelquefois une autre eſpece de perſonnes dans la négociation des lettres de change ; car lorſque celui ſur qui la lettre de change eſt tirée refuſe de l'accepter, il arrive quelquefois qu'un ami du tireur à qui la lettre n'étoit point adreſſée, pour faire honneur au tireur, l'accepte à la place de celui à

qui elle étoit adreſſée, du conſentement de celui à qui la lettre appartient.

26. Les tireurs, endoſſeurs, accepteurs & porteurs de la lettre ſont les principales parties dans la négociation de la lettre de change; il en intervient quelquefois d'autres, non comme parties principales, mais comme cautions, ſoit du tireur, ſoit de quelqu'un des endoſſeurs, ſoit de l'accepteur; ce qui ſe fait par la ſignature que cette caution met au bas de celle du tireur, ou de l'endoſſeur ou de l'accepteur.

§ II.

De la qualité que doivent avoir les perſonnes qui interviennent dans la négociation de lettres de change.

27. Toutes ſortes de perſonnes qui ſont en état de contracter, quoiqu'elles ne ſoient pas Marchands ou Banquiers de profeſſion, peuvent intervenir dans la négociation des lettres de change, & contracter tous les engagements qui réſultent de cette négociation, pour leſquels ils ſont ſoumis à la Juriſdiction Conſulaire, Ordonnance de 1673, *tit.* 12, *art.* 2, & à la contrainte par corps, Ordonnance de 1667, *tit.* 34, *art.* 4. Voyez les excep-

tions à l'égard de la contrainte par corps
infrà ch. 4, *art.* 8. Voyez notre Traité
des Obligations, *part.* 1, *chap.* 1, §. 1,
art. 4.

La négociation des lettres de change
renfermant un commerce d'argent, &
tout commerce étant interdit par les Ca-
nons aux Eccléfiaftiques, comme contraire à la fainteté de leur état, un billet par
lequel un Eccléfiaftique, pour de l'argent
que je lui donne, me donne à recevoir
pareille fomme dans un autre lieu, de fon
débiteur, quoiqu'il foit conçu en forme
de lettre de change, doit être préfumé
être dans l'intention des parties une fimple refcription, plutôt qu'une lettre de
change. C'eft l'avis de Savary, *Tom.* 2,
parer. 19.

28. Les mineurs, lorfqu'ils font Marchands, ou Banquiers de profeffion, peuvent intervenir dans la négociation des
lettres de change, en tirer & en accepter fans efpérance de reftitution ; c'eft ce
qui réfulte de la difpofition de l'Ordonnance de 1673, *tit.* 1, *art.* 6, qui porte,
» Tous Négocians & Marchands, comme
» auffi les Banquiers, feront réputés ma-
» jeurs pour le fait de leur commerce &
» banque, fans qu'ils puiffent être refti-
» tués fous prétexte de minorité.

À l'égard des mineurs qui ne font par

état ni Marchands, ni Banquiers, je ne vois pas pourquoi ils ne feroient pas reftituables contre l'obligation qu'ils auroient contractée, en tirant, endoffant ou acceptant des lettres de change ; je ne reconnois aucune Loi ni Jurifprudence qui tire ces actes de la regle générale, qui accorde la reftitution aux mineurs contre tous les actes par lefquels ils font léfés : au contraire il y a un Arrêt du 19 Avril 1717, rapporté au 6ᵉ. Tom. du Journal des Aud. qui a jugé qu'un mineur, quoique marié, ne pouvoit valablement accepter ni endoffer des lettres de change pour des fommes qui excedent fes revenus. C'eft l'avis de *Heineccius. Element. Jur. Camb.*

A l'égard des femmes qui font fous puiffance de mari, il n'eft pas douteux que celles qui font Marchandes publiques, (c'eft-à-dire, celles qui au fçu de leur mari font un commerce dont leurs maris ne fe mêlent pas,) peuvent, fans être autorifées, contracter valablement tous les engagemens qui fe contractent dans les négociations des lettres de change. Les autres femmes fous puiffance de mari ne peuvent intervenir valablement dans ces négociations fans être autorifées, quand même ce feroit pour les affaires de leur mari ; cela eft conforme aux difpofitions des articles 234 & 235 de la Coutume de

Paris & de plusieurs autres. C'est conformément à ces principes que Savary, *Tom.* 2, en son *Parer.* 12, juge nulle l'acceptation faite par une femme d'une lettre de change tirée sur elle par son mari.

S'il étoit justifié que la femme d'un Marchand est dans l'usage de signer, au sçu de son mari, des lettres de change pour son mari, qui peut-être ne sçait pas écrire, sa signature en ce cas seroit valable; mais ce ne seroit pas elle qui seroit censée contracter, & qui s'obligeroit, mais ce seroit son mari qui seroit censé contracter par le ministere de sa femme.

29. Par l'Ordonnance de 1673, T. 2 art. 1, il est défendu aux Agens de Change & Courtiers *de faire le change ou tenir banque pour leur compte particulier, sous leurs noms ou sous des noms interposés,* à peine de privation de leurs charges, & de 1500 liv. d'amende.

Cette défense leur a été faite pour prévenir les monopoles que la connoissance qu'ils ont des affaires de tous les Négocians & Banquiers de la Ville où ils font le change, pourroit leur donner lieu de commettre. Si par exemple, un Agent de Change de la Ville de Lyon sçavoit que les remises que les Négocians de Lyon ont à faire à Livourne cette année, sont très-considérables, & qu'au contraire ce qu'ils oît à en tirer eſt peu conſidérable ; ce qui doit rendre les lettres de change à tirer ſur Livourne extrêmement rares , cet Agent de Change pourroit, s'il n'en étoit empêché par cette loi, ſe hâter de prendre ſur ſon compte particulier toutes les lettres de change à tirer ſur Livourne, & quand il en ſeroit devenu le maître, les revendre à ceux qui en auroient beſoin, pour un prix exceſſif que ſa cupidité lui dicteroit.

Non-ſeulement il eſt défendu aux Agens de Change de fournir, ou prendre des lettres de change ; il leur eſt auſſi défendu de les ſigner *par Aval. d. tit. art.* 2, c'eſt-à-dire, d'être cautions des tireurs ou endoſſeurs : c'eſt pour éviter les fraudes, y ayant lieu de ſoupçonner qu'ils ſeroient intéreſſés à la négociation lorſqu'ils ſe rendroient ainſi cautions : ils peuvent ſeulement certifier la ſignature de ceux qui ont ſigné les lettres, *d. art.* 2.

Quoique ces perſonnes, en intervenant dans la négociation des lettres de change, contreviennent à l'Ordonnance, les actes auxquels elles interviennent ne laiſſent pas d'être valables ; car l'Ordonnance dont nous venons de rapporter la diſpoſition ne prononce pas la peine de nullité des actes, mais une autre peine.

Obſervez qu'un Agent de Change n'eſt

pas

pas fujet aux peines de l'Ordonnance, & n'eft pas cenfé y avoir contrevenu, pour avoir tiré une lettre de change fur fon débiteur, ni pour avoir pris une lettre de change fur un lieu où il avoit befoin d'argent pour les affaires qu'il y avoit, mais feulement lorfqu'il en fait trafic, & qu'il négocie fes lettres de change à d'autres perfonnes.

L'article fecond en défendant en général aux Agens de Change tout trafic en leur nom, leur défend auffi de tenir caiffe chez eux, ce qui s'entend pour un commerce qu'ils feroient en leur nom; mais cela ne les empêche pas d'avoir une caiffe dont ils puiffent acquitter les lettres de change tirées fur les Négocians dont ils font les Agents.

CHAPITRE III.

De ce qui conſtitue l'eſſence de la lettre de change ; de la forme, & de cellè des autres actes qui interviennent dans la négociation des lettres de change.

§. I.

De ce qui conſtitue l'eſſence de la lettre de change, & de ſa forme.

30. LA lettre de change ſe fait par un acte ſous ſignature privée, en forme de lettre adreſſée par le tireur à celui ſur qui elle eſt tiréc, par laquelle le tireur lui mande de payer une telle ſomme à un tel,

Il y a trois choſes principalement qui conſtituent l'eſſençe de la lettre de change. 1°, Il faut qu'il y ſoit fait mention de trois perſonnes, de celle qui tire la lettre, de celle ſur qui elle eſt tirée, & de celle à qui elle eſt payable, *ſuprà*, *N.* 17.

2°. Il faut qu'il y ait remiſe d'un lieu à un autre, c'eſt-à-dire, qu'on donne dans un lieu pour recevoir dans un autre lieu ; cette remiſe d'un lieu à un autre étant ce qui conſtitue l'eſſence du contrat de change dont la lettre de change eſt l'exécution.

3°. Il faut que la lettre de change ſoit revêtue des formes preſcrites par l'Ordonnance de 1673.

31. Suivant l'article premier du Tit. 5. de cette Ordonnance, cette lettre doit contenir ſommairement, 1°. le nom de celui à qui elle doit être payée, ce qui ſe conçoit ainſi : *Vous payerez à M. un tel.*

Si dans la lettre de change le tireur avoit omis de faire mention de la perſonne à qui elle doit être payée, mais qu'il eût fait mention de celle qui en a fourni la valeur; comme s'il eût été dit: *Vous payerez la ſomme de mille livres à vue, valeur reçue d'un tel;* il me paroît raiſonnable de préſumer que le tireur a entendu que la lettre fût payable à celui de qui il a déclaré en avoir reçu la valeur, n'ayant pas nommé d'autre perſonne à à qui elle dût l'être; néanmoins j'ai appris d'un Négociant très-expérimenté, que les Banquiers faiſoient difficulté en ce cas d'acquitter la lettre..

32. 2°. L'Ordonnance veut pour la forme des lettres de change, qu'elles contiennent *le temps du payement;* c'eſt-à-

dire, *à tel jour*, ou *à vue*, ou *à tant de jours
de vue*, *à une* ou *tant d'usances*.

L'Ordonnance ayant requis pour la
forme de la lettre de change, l'expression du tems du payement, on en doit
conclure que la lettre où se trouvera le
défaut de cette expression, ne vaudra
pas comme lettre de change, & ne pourra valoir que comme un simple mandat
donné à celui à qui la lettre est adressée ;
de payer la somme marquée par la lettre,
& comme une simple reconnoissance de
celui qui a donné la lettre , qu'il a reçu
cette somme de la personne mentionnée
en ladite lettre, ce qui donnera à ladite
personne une action ordinaire pour la
répétition de cette somme, au cas que
celui à qui la lettre est adressée ne la paye
pas ; mais au surplus il n'y aura pas lieu
à tout ce qui est établi à l'égard des lettres de change, une telle lettre n'étant
pas une vraie lettre de change.

33. 3°. L'Ordonnance veut que la lettre exprime le nom de celui qui en a
donné la valeur.

34. 4°. L'Ordonnance veut que la lettre exprime, si la valeur en a été fournie, & en quoi, si c'est en argent ou si
c'est en marchandises, ou autres effets.

C'est un droit nouveau établi par l'Ordonnance pour empêcher les fraudes des Banqueroutiers, qui ayant des lettres de change qui portoient simplement *valeur reçue*, & dont ils n'avoient fourni d'autre valeur que leur billet, paſſoient des ordres la veille de leur banqueroute à des perſonnes ſuppoſées pour les recevoir ſous leur nom, & faiſoient perdre la valeur à ceux qui leur avoient fourni ces lettres. Pour obvier à ces fraudes, l'Ordonnance veut que les lettres de change faſſent mention en quoi la valeur a été fournie.

Faute de cette expreſſion, la lettre ne vaudra pas comme lettre de change, mais comme un ſimple mandat de payer à la perſonne à qui la lettre a été donnée ; & en cas de faillite de cette perſonne, le tireur en rendant le billet qui lui a été donné pour valeur, retirera la lettre qu'il a donnée.

Pareillement faute d'avoir exprimé en quoi la valeur a été fournie, la valeur vis-à-vis des créanciers du tireur, eſt préſumée fictive. Ils peuvent ſaiſir la ſomme y portée entre les mains de celui ſur qui la lettre eſt tirée, comme ayant toujours appartenu au tireur leur débiteur, nonobſtant tous les ordres qui en auroient été paſſés, & le porteur ne peut avoir main-levée de la ſaiſie qu'en juſtifiant, foit par les livres du tireur, foit autrement, que le tireur en a effectivement reçu la valeur. Savary, *Parer. 46*, *queſtion 4.*

A l'égard du tireur qui a confeſſé avoir reçu la valeur par ces termes, *valeur reçue*, quoiqu'il n'ait pas exprimé conformément à l'Ordonnance en quoi il l'a reçue ; il n'eſt pas lui-même recevable à nier qu'il l'a reçue, s'il ne le juſtifie par le billet de celui à qui il a fourni la lettre. C'eſt pourquoi, faute de le juſtifier, il eſt tenu de la garantie de la lettre envers le porteur, ſi elle n'eſt pas acquittée.

35. Outre ces quatre choſes requiſes par l'Ordonnance, il eſt évident qu'il faut que la lettre de change contienne le nom de celui à qui elle eſt adreſſée, ou du moins une déſignation ſuffiſante de ſa perſonne & de la ſomme qui eſt tirée par la lettre.

Il eſt plus à propos d'écrire cette ſomme en lettres plutôt qu'en chiffres, pour éviter les altérations dont les chiffres ſont plus ſuſceptibles que les lettres ; néanmoins n'y ayant aucune loi qui oblige le tireur à écrire la ſomme en lettres, la lettre de change ne laiſſera pas d'être valable, quoique la ſomme n'y ſoit déſignée qu'en chiffres.

Mais l'accepteur qui pourroit craindre

lles altérations, peut écrire en lettres : *ac-cepté pour la somme de tant.*

36. La lettre de change conçue dans la forme que nous venons d'expliquer, est remise entre les mains de celui à qui elle est fournie, lequel l'envoie à son correspondant sur le lieu où elle doit être payée pour la faire accepter : d'un autre côté le tireur qui l'a fournie, a coutume d'écrire une lettre d'avis à celui sur qui il la tire ; mais cette lettre d'avis n'appartient point à la forme de la lettre de change, & quelquefois un Négociant tire des lettres de change sur son correspondant sans lui donner aucune lettre d'avis, ce qui arrive sur-tout lorsque la somme n'est pas considérable.

On exprime quelquefois sur la lettre : *Vous payerez sans autre avis.*

Le défaut de date ou l'erreur dans la date de la lettre, ne peuvent être opposés par le tireur qui l'a écrite, ni par l'accepteur qui l'a acceptée, non plus que l'omission du lieu où elle a été écrite.

37. Il nous reste à observer qu'on fait quelquefois plusieurs exemplaires d'une même lettre de change ; afin que dans le cas auquel le porteur de la lettre en auroit égaré un, il pût s'en faire payer sur celui qui lui resteroit.

Scacchia, §. 2, *gl.* 6, atteste que de son

tems l'ufage étoit en Italie, que le tireur en remît trois tout à la fois à celui à qui il fourniffoit la lettre de change.

Il eft encore aujourd'hui d'un ufage très-fréquent, de tirer par premiere & feconde les lettres de change qui ont un certain nombre d'ufances à courir, fur-tout celles que l'on envoie à l'étranger; on envoie la premiere à l'acceptation, & l'on paffe l'ordre fur la feconde, en mettant au bas chez qui on trouvera la premiere acceptée.

Quoique le tireur n'ait d'abord donné qu'un exemplaire, il eft tenu, lorfqu'il en eft requis, d'en donner un autre, lorfque le premier a été égaré. Voyez *infrà, ch.* 5.

Lorque le tireur a manqué d'exprimer dans le premier exemplaire quelqu'une des chofes dont l'Ordonnance requiert l'expreffion, *puta*, s'il a manqué d'exprimer en quoi la valeur a été fournie, il peut rectifier ce défaut, en l'exprimant dans le fecond exemplaire. Savary, *parer.* 95.

§. I I.

De la forme des endoffemens

38. Il y a, comme nous l'avons vu, deux efpeces d'endoffemens : celui qui contient un tranfport de la propriété de

la lettre de change à une perſonne, ſe fait par un acte que l'endoſſeur écrit au dos de la lettre de change, & dont la formule ordinaire eſt: *Pour moi payerez à un tel ou à ſon ordre valeur reçue d'un tel comptant*, ou bien *en marchandiſes*.

Comme cet endoſſement renferme un contrat entre l'endoſſeur & celui à qui l'ordre eſt paſſé, ſemblable à celui que renferme la lettre de change entre le tireur & le donneur de valeur, cette eſpece d'endoſſement doit contenir les mêmes formalités que la Lettre de change.

C'eſt pourquoi, 1°. De même que la lettre de change doit être ſouſcrite par le tireur, pareillement l'endoſſement doit être ſouſcrit par l'endoſſeur.

2°. De même que la lettre de change doit contenir le nom de celui qui en fournit la valeur au tireur, & en quoi elle a été fournie; de même l'endoſſement doit contenir, 1°. Le nom de celui qui a payé la valeur à l'endoſſeur, pour acquérir de lui la lettre de change; 2°. En quoi la valeur a été fournie, ſi c'eſt *en argent, marchandiſes*, ou autrement ; *puta*, par compenſation.

39. L'Article 23, qui requiert ces deux formalités, requiert en outre que l'endoſſement ſoit daté.

B v

La date eſt requiſe pour empêcher les fraudes ; telle que celle d'un endoſſeur qui ayant fait banquéroute, omettroit de dater l'endoſſement pour qu'on ne s'apperçît pas qu'il a été fait depuis ſa faillite.

Savari, *Tom.* 11, *part.* 16, rapporte un Arrêt du 3 Avril 1682, rendu en forme de Réglement, qui a ordonné l'exécution de l'article 23 de l'Ordonnance par rapport à la date, & qui a jugé nul un endoſſement où la date avoit été omiſe.

Les antidates ſont expreſſément défendues, à peine de faux, *art.* 26.

On a fait la queſtion de ſçavoir, ſi le défaut de la date que l'Ordonnance requiert ſans l'endoſſement, pouvoit être ſuppléé par la date d'un aval qui ſe trouveroit au bas de l'endoſſement, ou par celle d'un acte de protêt fait, faute d'acceptation, par celui au profit de qui l'endoſſement a été fait ? Pour l'affirmative, on dira que l'endoſſement devant précéder l'aval, & le protêt n'ayant pu être fait que depuis l'endoſſement, la date de l'aval ou du protêt en aſſure une à l'endoſſement. Au contraire, pour la négative on dit que l'endoſſement ayant été d'abord non valablement fait, faute de l'obſervation d'une des formes requiſes par l'Ordonnance, qui eſt l'expreſſion de la date, & n'ayant pas en conſéquence transféré la propriété de la lettre de change à celui à qui l'ordre a été paſſé ; l'endoſſeur qui a conſervé la pro‑ priété de la lettre, ne peut plus ſans ſon fait en être dépouillé par l'aval ou par le protêt, qui ſont des actes auxquels il n'a pas de part. C'eſt l'avis de Savari dans ſon *parere* 16.

Les endoſſemens en blanc ſont ſur‑ tout défendus par le droit commun de tous les Etats, & il ne peut en réſulter d'action que le nom ne ſoit rempli. *Hei‑ necc. Elem. jur. camb.* 11. 11.

Au reſte il n'importe de quelle main l'endoſſement ſoit rempli ; quand même il le ſeroit de la main de la perſonne au profit de qui il eſt fait, il ne laiſſeroit pas d'être valable, pourvû qu'il contien‑ ne toutes les choſes requiſes ci‑deſſus. Savari, *Tom.* 2, *parer.* 8.

41. L'endoſſement auquel manque quel‑ qu'une des formalités requiſes, ne vaut que comme un ſimple ordre ou mandat de payer à la perſonne, & ne transfere point la propriété de la lettre de change, & des droits & actions qui en réſultent à la perſonne au profit de qui l'ordre eſt paſſé.

D'où il ſuit, 1°. que l'endoſſeur de‑ meurant toujours le propriétaire, des créanciers de l'endosseur, peuvent non obstant & après cet endossement, saisir & arrêter la somme portée par la lettre de change entre les mains de celui sur qui elle est tirée, sans que celui au profit de qui l'ordre est passé, quoique antérieurement, s'y puisse opposer, *art.* 25.

D'où il suit, 2°. Que si celui sur qui la lettre est tirée est créancier de l'endosseur, il peut opposer la compensation de ce qui lui est dû par l'endosseur, au porteur de son ordre; lequel, faute de quelqu'une desdites formalités dans l'endossement, n'est point propriétaire de la lettre de change, & n'est réputé que comme un simple porteur d'ordre de l'endosseur. C'est la disposition de l'art. 25.

De-là il suit, 3°. Que celui au profit de qui a été fait l'endossement auquel il manque quelqu'une des trois formalités requises, ne peut pas faire un endossement valable au profit d'un autre; car la propriété de la lettre ne lui ayant pas été transférée par l'endossement défectueux fait à son profit; il ne peut pas la transférer à un autre.

42. L'autre espece d'endossement qui ne renferme qu'un mandat que l'endosseur donne à celui à qui il passe son ordre de recevoir la lettre de change comme son mandataire, se fait aussi par un acte

que l'endosseur écrit au dos de la lettre de change, & dont la formule ordinaire est : *Pour moi payerez à un tel.*

On n'y insere pas ces termes *ou à son ordre*, à moins que l'endosseur ne voulût accorder à ce mandataire la faculté de se substituer une autre personne pour l'exécution du mandat.

Il est évident aussi qu'on n'y insere point ces termes, *valeur reçue*, & c'est principalement en cela que cette espece d'endossement differe de l'autre.

§. III.

De la forme de l'acceptation.

43. L'acceptation de la lettre de change doit se faire par écrit par celui sur qui elle est tirée, Ordonnance de 1673, *Tit. 5, art.* 2.

Cela n'est dit que pour exclure la preuve par témoins : l'écrit n'est requis que pour la preuve de l'acceptation, & non pour la substance. C'est pourquoi si celui sur qui la lettre est tirée avoit verbalement promis au porteur de la payer à l'échéance, cette acceptation verbale seroit dans le for de la conscience aussi valable qu'une acceptation par écrit ; & même je pense que dans le for extérieur, le propriétaire de la lettre devroit être reçu à lui déférer le serment décisoire, s'il n'eſt pas vrai qu'il lui ait promis, ou à ſon mandataire, de payer la lettre à l'échéance.

Cette acceptation ſe fait par ce mot, *accepté*, que celui ſur qui la lettre eſt tirée écrit au bas de la lettre de change, avec ſa ſignature.

44. Lorſque le porteur de la lettre de change, n'ayant pas trouvé celui ſur qui elle eſt tirée à la maiſon, a laiſſé la lettre au Facteur ou à quelque autre perſonne, & que celui ſur qui elle eſt tirée, après avoir écrit au bas ſon acceptation & ſa ſignature, l'a barrée avant que d'avoir rendu la lettre au porteur, cette acceptation barrée ſera de nul effet, comme il a été jugé par Arrêt rapporté par la Serra, ch. 10. La raiſon eſt que le concours de volontés qui forme un contrat, eſt un concours de volontés que les Parties ſe ſont réciproquement déclarées ; ſans cela, la volonté d'une Partie ne peut acquérir de droit à l'autre Partie, ni par conſéquent être irrévocable. Suivant ces principes, pour que le contrat entre le propriétaire de la lettre & celui ſur qui elle eſt tirée ſoit parfait, il ne ſuffit pas que celui-ci ait eu pendant quelque-tems la volonté d'accepter la lettre, & qu'il ait écrit au bas qu'il l'acceptoit : tant qu'il n'a pas déclaré cette volonté au porteur, le con-

trat n'eſt pas parfait ; il peut changer de volonté, & rayer ſon acceptation.

Pour que cette acceptation barrée fût valable, il faudroit que le porteur pût prouver qu'elle n'a été rayée que depuis que la lettre lui a été rendue, & qu'on la lui a ravie ou volée.

45. J'aurois penſé que le mot de *vu*, mis par celui ſur qui la lettre eſt tirée avec la date & ſa ſignature, ne devroit avoir d'autre effet que de donner une échéance certaine à la lettre, lorſqu'elle eſt à tant de jours de vue, & que cela n'équipolloit pas à acceptation ; néanmoins on m'a aſſuré que les lettres à tant de jours de vue, ne s'acceptoient que de cette maniere ; & que pour que *le vu* n'équipollât pas à acceptation, il falloit exprimer *vu ſans accepter*, ſi le porteur veut bien s'en contenter.

46. L'Ordonnance ayant voulu que l'acceptation fût faite par écrit, c'eſt une conſéquence, que nous ne devons pas admettre dans notre Juriſprudence d'acceptation tacite, réſultante de ce que celui ſur qui la lettre eſt tirée, l'auroit reçue du porteur, & l'auroit long-temps retenue, ſans néanmoins écrire au bas aucune acceptation ; néanmoins s'il paroiſſoit du dol de la part de celui ſur qui la lettre eſt tirée, qui auroit exprès amuſé long-

tems le porteur, fur le faux prétexte qu'il a adhiré la lettre, afin de l'empê-cher de fe pourvoir contre le tireur pour fe faire par lui donner caution faute d'ac-ceptation ; & que pendant ce temps le tireur eût fait banqueroute, celui fur qui la lettre eft tirée, qui a amufé le porteur, eft tenu de l'acquitter, comme s'il l'eût acceptée ; mais cette obligation ne naît pas d'une acceptation, n'y en ayant pas eu, mais de fon dol. C'eft ainfi qu'on doit entendre l'Arrêt rapporté par la Serra, *chap.* 10.

47. Cette acceptation doit auffi être faite purement & fimplement : celles qui feroient faites fous quelque condition, ne font pas valables, & paffent pour un re-fus d'accepter ; de forte que le porteur peut ne s'en pas contenter, & faire pro-tefter la lettre comme fi elle n'eût point été acceptée du tout. *art.* 2.

Ce n'eft point une acceptation condi-tionnelle, lorfqu'étant créancier du pro-priétaire de la lettre de change, je mets au bas de cette lettre, *accepté pour payer à moi même,* pourvu que ma créance foit d'une fomme liquide, qu'elle foit échue, ou doive échoir au temps de l'échéance de la lettre ; le refus que je lui fais par cette efpece d'acceptation de lui faire un paiement réel, étant un refus qui procéde de ce qu'il eſt mon débiteur , & par conſéquent qui procéde de ſon fait , ne peut donner lieu à aucun recours de ſa part contre le tireur qui lui a fourni la lettre. C'eſt l'avis de la Serra, *ch. 8.*

Pareillement ſi un créancier du propriétaire de la lettre de change , avant que je l'euſſe acceptée , avoit fait ſaiſir entre mes mains ce que je lui dois ou lui devrai par la ſuite , j'accepterai en ce cas la lettre *pour payer à qui ſera par Juſtice ordonné* , avec un *tel ſaiſiſſant* , ſans que le propriétaire de la lettre puiſſe ſe plaindre de cette acceptation , puiſque c'eſt ſon fait qui donne lieu à la reſtriction qu'elle renferme. La Serra, *ibid.*

48. L'acceptation doit être faite pour la même ſomme portée par la lettre , & elle eſt cenſée faite pour cette ſomme , lorſqu'il n'y a aucune ſomme déſignée dans l'acceptation ; ſi elle étoit faite pour une ſomme moindre, ce ſeroit un refus d'accepter pour le ſurplus , pour lequel on pourroit proteſter.

Si au contraire elle étoit faite pour une ſomme plus grande, le moins étant compris dans le plus , l'acceptation ſeroit valable pour la ſomme portée par la lettre.

49. L'acceptation doit être faite pour payer à la même échéance : ſi le porteur ou propriétaire de la lettre ſouffroit que

l'acceptation ſe fît pour un temps plus long, il ne pourroit pas l'exiger avant le terme qu'il a bien voulu accorder ; mais la prolongation du terme ne pouvant pas nuire au tireur qui n'y a pas conſenti, le porteur n'auroit point de recours contre le tireur & les endoſſeurs, en cas de faillite du débiteur arrivée depuis la prolongation du terme.

§. IV.

Des Avals.

50. *Aval* eſt le cautionement de celui qui ſe rend caution dans une lettre de change pour le tireur ou pour quelque endoſſeur, ou pour l'accepteur : la forme eſt que la caution met ſa ſignature au bas de celle pour qui il ſe rend caution. Un Négociant très-expérimenté m'a dit que les avals ou cautionnemens en cette forme n'étoient plus gueres en uſage, & qu'ils ſe faiſoient par un billet ſéparé.

CHAPITRE IV.

Des différents Contrats que la négociation des lettres de change renferme.

ARTICLE PREMIER.

Du contrat qui intervient dans la négociation des lettres de change, entre le tireur qui fournit la lettre, & le donneur de valeur à qui elle est fournie.

LE principal contrat qui intervient dans la négociation des lettres de change, & qui donne lieu à toute cette négociation, est celui qui intervient entre le tireur qui fournit la lettre de change, & le donneur de valeur à qui elle est fournie.

Nous traiterons dans un premier §. de la nature de ce contrat ; dans les deux suivans, des obligations & des actions qui en naissent.

§. I.

De la nature du contrat qui intervient entre le tireur qui fournit la lettre de change, & le donneur de valeur à qui elle est fournie.

51. Ce contrat est le contrat de change

dont nous avons déja donné la définition
suprà, N. 2.

Par ce contrat, le donneur de valeur
échange ce qu'il donne ici, ou ce qu'il
s'oblige de donner ici au tireur, contre
l'argent que le tireur s'oblige de lui faire
compter dans un autre lieu, par le moyen
d'une lettre de change sur ce lieu, qu'il lui
fournit, ou qu'il s'oblige de lui fournir.

Quelques Auteurs qui s'imaginent appercevoir l'usure par-tout, ont cru que
ce contrat, lorsque la valeur de la lettre
de change étoit comptée en argent, n'é-
toit autre chose qu'un prêt d'argent que
le donneur de valeur qui compte ici en
argent la valeur de la lettre de change qui
lui est fournie, fait au tireur qui la lui
fournit ; en conséquence ces Auteurs regardent le droit de change que reçoit le
Banquier, du donneur de valeur, comme
un intérêt usuraire de l'argent qu'il a compté au tireur, & regardent le commerce de
banque comme un commerce usuraire &
illicite.

Cette opinion a été universellement re-
jettée : on convient aujourd'hui que le
contrat qui intervient entre le tireur qui
fournit la lettre de change, & celui qui
la prend & qui en donne la valeur en
argent, n'est pas un contrat de prêt ;
que c'est ou un contrat de vente, selon

quelques Auteurs, ou felon d'autres, dont l'opinion eft la plus plaufible, un contrat d'échange; en conféquence que le droit de change qui eft payé au Banquier, n'eft pas un intérêt ufuraire, & que le commerce de banque bien loin d'être un commerce illicite, eft un commerce louable & utile à la fociété.

Il eft facile d'appercevoir les différences entre ce contrat & le contrat de prêt d'argent; le contrat de prêt d'argent fe fait pour l'utilité feule de l'une des Parties contractantes, qui eft l'emprunteur; le prêteur ne reçoit aucune utilité de ce contrat, c'eft un pur bienfait qu'il fait à l'emprunteur; ce contrat eft de la claffe des contrats bienfaifans : au contraire le contrat par lequel l'une des Parties donne fon argent qu'elle a ici, en échange de l'argent qu'on lui donne à recevoir dans un autre lieu par le moyen de la lettre de change, eft un contrat intéreffé de part & d'autre, qui fe fait pour l'utilité réciproque des deux contractans; car lorfque je vous donne mon argent ici pour une lettre de change que vous me donnez à la place, je ne vous le donne pas tant pour vous faire plaifir que pour mon utilité particuliere; parce que j'ai plus befoin de l'argent que vous me donnez à recevoir dans le lieu où la lettre de change eft tirée, que de celui que je vous donne ici ; comme vous avez plus de besoin de celui que je vous donne ici que de celui que vous me donnez à recevoir dans un autre lieu.

Il y a encore d'autres différences ; le contrat de prêt d'argent est un contrat *réel* qui ne reçoit sa perfection que lorsque l'argent est compté ; c'est un contrat *unilatéral*, par lequel il n'y a que l'un des contractans, c'est-à-dire l'emprunteur, qui s'oblige envers l'autre : au contraire le contrat qui intervient entre celui qui fournit la lettre de change & celui qui la reçoit, est un contrat *consensuel* qui est parfait par le seul consentement des contractans ; car aussi-tôt que nous sommes convenus que vous me fourniriez une lettre de change de tant sur un tel lieu, & que je vous compterois ici tant pour la valeur d'icelle, le contrat, quoiqu'il n'ait pas reçu encore de part ni d'autre son exécution, est parfait ; & vous êtes dès-lors obligé à me fournir la lettre, comme de mon côté je suis obligé à vous en compter la valeur.

Il résulte aussi de ceci que ce contrat est un contrat synallagmatique, différent encore en cela du contrat de prêt d'argent, qui est unilatéral.

52. Le contrat qui intervient entre le

tireur qui fournit la lettre de change &
celui qui en donne la valeur en argent,
n'étant pas un contrat de prêt, il fuit de
là que le droit de change qu'on paye par
ce contrat quelquefois à un Banquier pour
de l'argent qu'il vous donne pour une lettre de change, ne peut paſſer pour un intérêt uſuraire ; l'uſure proprement dite
ne pouvant ſe contracter que dans les
contrats de prêt.

Pour ſçavoir ce que c'eſt que ce droit
de change qui ſe paye aux Banquiers, il
faut ſçavoir que dans les Villes de commerce, les lettres de change ſur une certaine Ville gagnent quelquefois ſur l'argent, & quelquefois c'eſt l'argent qui
gagne ſur les lettres de change.

Cette différence du prix de l'argent &
des lettres de change vient de l'abondance ou de la rareté des remiſes ou des traites. Par exemple, ſi à Lyon, dans le
temps que la négociation ſe fait, les Négocians de Lyon ont beaucoup d'argent à remettre à Marſeille à leurs cor-
reſpondans, & peu à en tirer, en ce cas
il y aura beaucoup plus de perſonnes qui
chercheront à troquer leur argent contre
des lettres de change ſur Marſeille, qu'il
n'y en aura qui demanderont à troquer
leurs lettres de change ſur Marſeille pour
de l'argent ; par conſéquent le beſoin des

lettres de change ſur Marſeille étant plus
grand que celui de l'argent, les lettres de
change gagneront quelque choſe ſur l'argent, *puta* un ou demi pour cent ; & pour
avoir une lettre de change de mille
livres ſur Marſeille , il faudra donner
au Banquier qui vous la fournit mille
dix livres ou mille cinq livres , ſuivant le cours de la place. Au contraire
ſi au tems de la négociation les Négocians de Lyon ont peu d'argent à remettre à Marſeille , & beaucoup à en tirer ,
il y aura beaucoup plus de perſonnes qui
chercheront à troquer leurs lettres de
change ſur Marſeille pour de l'argént qu'il
n'y en aura qui demanderont à troquer
leur argent contre des lettres ſur Marſeille : c'eſt pourquoi en ce cas l'argent dévra
gagner ſur les lettres, & le Banquier qui
me donnera de l'argent pour une lettre de
change ſur Marſeille, que je lui donnerai ,
retiendra pour le droit de change un ou
deux pour cent, ſuivant le cours de la
place.

Ce droit de change qu'il retient, n'eſt
pas un intérêt de l'argent qu'il me compte , mais une eſpece de ſoulte, ou retour,
de ce qu'au temps de la négociation, ſuivant le cours de la place, l'argent vaut de
plus que les lettres de change ſur Marſeille. S'il exigeoit de moi un droit de
change

change plus fort que le cours de la place, il commettroit une injustice qui ne seroit pas proprement une usure, l'usure ne pouvant se commettre que dans le contrat de prêt, mais ce seroit une autre espece d'injustice, semblable à celle que commet celui qui vend une chose plus qu'elle ne vaut.

Observez en passant que dans les négociations des lettres de change sur les pays étrangers, il se rencontre une bien plus grande variété entre le prix de l'argent & celui des lettres de change; parce qu'elle provient non-seulement de l'abondance ou de la rareté des remises ou des traites, mais encore de la variété des monnoies, ce qui donne lieu quelquefois à des droits de change plus forts.

Observez aussi que le juste prix du change au cours de la place ne consiste pas dans un point fixe; il suffit qu'il n'excede pas le plus fort, & qu'il ne soit pas au-dessous du plus foible droit de change qu'on prenoit communément au temps de la négociation.

53. Il n'est pas douteux, comme nous le venons de voir, que c'est dans le for de la conscience une injustice semblable à celle que commet un vendeur qui vend au-delà du juste prix, lorsqu'un Banquier ou une autre personne exige un droit de chan-

ge plus fort que le cours de la place, ſoit qu'il exige ce droit de change pour de l'argent qu'il donne pour une lettre de change, lorſque l'argent gagne ſur les lettres, ſoit qu'il l'exige pour une lettre qu'il donne pour de l'argent, lorſque les lettres gagnent ſur l'argent.

Cette déciſion a ſur-tout lieu lorſque celui qui a payé ce droit plus fort, ignoroit le cours de la place ; lorſqu'il en avoit connoiſſance, il pourroit ſembler que celui qui a reçu un droit de change plus fort n'a pas commis d'injuſtice ; puiſque c'eſt en ce cas une gratification que lui a bien voulu faire celui qui lui a payé ce droit plus fort, & que *volenti non fit injuria* : cependant ſi celui qui a payé ce droit de change plus fort, l'a payé pour de l'argent qu'on lui donnoit pour une lettre de change, on doit penſer que ce n'eſt pas la volonté de gratifier le Banquier, mais plutôt le beſoin preſſant d'argent qu'il avoit, qui l'a porté à donner un droit de change plus fort que celui du cours de la place au Banquier qui a abuſé de ſon beſoin, & que le Banquier eſt obligé à reſtitution pour ce qu'il a reçu de plus que le cours.

54. *Vice versâ* ; c'eſt une injuſtice ſemblable à celle d'un acheteur qui achete au-deſſous du juſte prix, lorſqu'on donne

un droit de change moindre que le cours de la place ; foit que celui des contractans à qui on donne ce droit de change ignore le cours de la place, foit que le befoin preffant de l'argent qu'on lui donne fur le lieu, pour une lettre de change qu'il donne fur un autre lieu, le porte à fe relâcher d'une partie de ce que fuivant le cours de la place, les lettres de change fur ce lieu gagnoient fur l'argent.

On oppofe que dans le contrat de conftitution de rente, il n'eft pas à la vérité permis de fe faire conftituer pour l'argent qu'on donne, une rente plus forte que le taux légitime ; mais qu'il n'y a aucune injuftice dans le contrat, lorfque celui qui donne fon argent veut bien fe contenter d'une rente moindre ; donc *à pari*, ce ne doit pas être une injuftice de donner un droit de change moins fort que le cours de la place, quoique c'en foit une d'en exiger un plus fort

Je réponds 1°. que le jufte prix des rentes conftituées, de même que celui des autres chofes, eft celui pour lequel elles ont coutume d'être conftituées ; ce jufte prix, de même que celui des autres chofes, a une certaine étendue, *habet certam latitudinem* ; ce n'eft pas dans le feul prix du denier vingt réglé par la Loi qu'il confifte ; ce prix du denier vingt eft

plutôt une des extrémités du juste prix ,
apex justi pretii , qu'il n'est seul le juste
prix , lequel consiste dans les différens
prix pour lesquels il est d'usage au temps
du contrat de donner l'argent à constitution depuis le plus bas jusqu'au plus fort,
que la loi ne permet pas d'excéder. Par
exemple, étant assez fréquent aujourd'hui
de constituer des rentes , non-seulement
au denier vingt , mais au denier vingt-
deux, vingt-quatre & vingt-cinq, on peut
dire que le juste prix des rentes est aujour-
d'hui depuis le denier vingt-cinq jusqu'au
denier vingt ; c'est pourquoi on ne peut
pas dire que la rente qui a été constituée
à quelqu'un de ces taux , quoiqu'au deffous du taux fixé par la Loi, ait été vendue
au-deffous du juste prix.

Quand même la rente feroit constituée
à un taux plus bas que le plus bas, auquel
au tems du contrat il étoit d'usage de conftituer , & qu'en conséquence il feroit vrai
de dire qu'elle a été vendue pour un prix
au-deffous du juste prix , le contrat ne
contiendroit pas d'injustice ; parce qu'en
ce cas celui qui a bien voulu fe contenter d'une rente beaucoup au-deffous du
taux ordinaire des contrats de constitution , a voulu faire un bienfait au consti-
tuant.

Mais lorfque celui qui en donnant une

lettre de change qu'il a à tirer fur tel lieu
pour une fomme d'argent qu'on lui comp-
roit ici , fe contente d'un droit de change
beaucoup au-deffous du cours de la place,
ce n'eft pas dans la vue de faire un bienfait à celui avec qui il contracte qu'il s'en
contente ; mais c'eft le befoin preffant qu'il
a de l'argent qu'on lui compte pour fa
lettre de change , qui l'y fait confentir ;
& l'injuftice de celui qui contracte avec
lui confifte à profiter de ce befoin , pour
acquérir fa lettre de change à vil prix au
deffous de celui du cours de la place.

55. Pour que le contrat de change qui
intervient entre celui qui me donne de
l'argent pour une lettre de change , foit un
vrai contrat de change , & non un prêt
d'argent , il faut qu'il y ait remife de place en place, c'eft-à-dire, il faut que la
lettre de change que je vous donne pour
l'argent que vous me donnez ici , foit fur
une autre Ville de commerce.

Mais fi pour l'argent que vous m'avez
compté ici à Orléans , je vous donnois
une lettre de change adreffée à mon locataire d'une maifon d'Orléans, ou à mon
fermier d'Artenay , pour recevoir de lui
à Noël prochain pareille fomme ; quand
même cette lettre feroit conçue dans le
ftyle ordinaire des lettres de change, cette
lettre ne feroit pas une véritable lettre de

change ; le contrat intervenu entre nous ne feroit pas un contrat de change ; car ce n'eft que dans le cas auquel la lettre de change eft fur une autre Ville de commerce , qu'on peut dire que vous avez voulu troquer votre argent que vous aviez ici , contre celui que je vous donne à recevoir dans une autre Ville dont vous avez plus de befoin, par rapport aux affaires de commerce que vous avez dans cette Ville , que vous n'avez befoin de celui que vous m'avez donné ici. On ne peut pas dire de même lorfque je vous donne à recevoir fur mon locataire d'une maifon d'Orléans, pareille fomme que celle que vous m'avez comptée à Orléans, que vous avez voulu troquer votre argent contre celui que je vous donne à recevoir; puifque vous ne pouvez avoir aucun intérêt d'avoir celui-là plutôt que celui que vous m'avez compté : le contrat qui intervient entre nous ne peut donc paffer pour un troc de votre argent contre celui que je vous donne à recevoir; ce n'eft point le contrat de change, ce n'eft autre chofe qu'un prêt d'argent que vous me faites : la lettre que je vous donne fur mon locataire contient la reconnoiffance de ce prêt , & l'obligation que je contracte envers vous de vous rendre par le miniftere de mon locataire , la fomme d'argent que vous m'aviez prêtée : d'où il fuit que fi vous reteniez quelque chofe pour droit de change fur la fomme que vous m'avez comptée, & pour laquelle je vous ai donné une refcription fur mon locataire, ce que vous retiendriez ne pourroit paffer pour un droit de change, n'étant point intervenu entre nous de contrat de change ; mais ce feroit un intérêt que vous auriez retenu en récompenfe du prêt que vous m'avez fait, lequel intérêt eft illicite & ufuraire ; & en conféquence vous n'avez droit d'exiger la fomme que je vous ai donnée à recevoir, que fous la déduction de ce que vous avez retenu fur celle que vous m'avez comptée.

56. Par la même raifon, toutes les fois que celui qui donne ici de l'argent pour une lettre de change fur un autre lieu, fçait que cette lettre reviendra à protêt ici, & que l'argent lui fera rendu ici ; *putà*, s'il fçait que la perfonne fur qui la lettre eft tirée n'eft ni le débiteur, ni le correfpondant du tireur, le contrat en ce cas n'eft qu'un fimple prêt d'argent que ce Banquier fait au tireur, déguifé fous la fauffe apparence d'un contrat de change ; & en conféquence le droit de change que ce Banquier a reçu de celui à qui il a donné de l'argent pour cette lettre de change imaginaire, & les droits de re-

changé qu'il se feroit fait payer faute de
paiement de la lettre de change, ne peuvent être regardés que comme des intérêts usuraires que ce Banquier ne peut
pas retenir en conscience.

57. De-là naît la question, si le contrat de change que les Italiens appellent
il cambio con la ricorsa, est un vrai contrat de change, ou s'il doit être considéré
comme n'étant qu'un prêt d'argent , &
si en conséquence le droit de change qui
a été payé au Banquier ne doit pas être
regardé comme un intérêt usuraire. Voici
l'espece. Matthieu, Banquier à Paris ,
donne à Paris une somme d'argent à Pierre Négociant, pour une lettre de change que Pierre lui donne sur Jacques de
Lyon ; Jacques étant le correspondant de
l'un & de l'autre , la lettre de change porte : *Vous payerez à vous-même ;* Jacques
à qui Matthieu envoye la lettre , porte la
somme au compte de Matthieu, comme
l'ayant reçue pour ledit Matthieu, de lui-
même Jacques, & il la porte au compte
de Pierre comme l'ayant payée pour
Pierre & en acquit de Pierre. Depuis
Jacques, qui comme correspondant de
Matthieu, a des fonds à lui remettre,
envoie à Matthieu une lettre de change
sur Pierre qui est débiteur envers Jacques
de la lettre de change que Jacques a ac-

quittée pour lui ; on demande ſi dans cette eſpece , dans laquelle l'argent que Matthieu a compté à Pierre à Paris ſe trouve lui être rendu à Paris par Pierre , le contrat de change qui eſt intervenu entre Matthieu & Pierre , eſt un contrat de change ſérieux & véritable , ou ſi c'eſt un prêt d'argent déguiſé , & ſi en conſéquence ce qui a été payé pour prétendu droit de change , eſt un intérêt uſuraire ? Cela dépend de l'intention qu'ont eue les Parties : ſi Matthieu n'avoit pas beſoin de lettre de change ſur Lyon où il avoit des fonds ; en ce cas le contrat de change qui eſt intervenu entre Pierre & lui , n'eſt dans la véritable intention des Parties qu'un prêt d'argent , qui n'a été enveloppé d'un contrat apparent de change , que pour que Matthieu retirât ſous le nom de droit de change , un intérêt de l'argent qu'il prêtoit : mais ſi Matthieu avoit effectivement beſoin de fonds à Lyon lors du contrat de change , & que ce ne ſoit que par des circonſtances ſurvenues depuis le contrat qu'il a tiré depuis de Lyon l'argent que Pierre lui avoit donné à recevoir à Lyon ; en ce cas le contrat de change ayant été ſérieux , le droit de change qu'il a reçu eſt licite.

§. II.

Des obligations que contracte le tireur, par le contrat de change qui intervient entre lui & le donneur de valeur.

58. L'obligation principale & primitive que le tireur contracte par ce contrat de change envers l'autre contractant, est de lui faire payer par le moyen d'une lettre de change au temps & au lieu convenu, l'argent qu'il lui a donné à recevoir en échange de l'argent ou autre valeur de la lettre qu'il a reçue ou qu'il doit recevoir ici de lui.

Le tireur par ce contrat s'oblige envers l'autre Partie de lui faire donner au temps & au lieu convenu, non pas précisément & déterminément tels sacs d'argent qu'il a fait remettre pour cet effet à celui sur qui la lettre est tirée, mais une certaine somme d'argent ; il se rend débiteur, *non certorum corporum, sed quantitatis.* C'est pourquoi s'il arrivoit que celui sur qui la lettre est tirée vînt à perdre par une force majeure les fonds qui lui ont été remis par le tireur pour l'acquittement de la lettre de change, *puta,* par le pillage de sa maison dans une sédition, le tireur ne seroit pas pour cela libéré de son obligation ; car le principe que la perte de la chose due, qui survient par une force majeure, tombe sur le créancier, & libere le débiteur, n'a d'application qu'à l'égard des obligations de corps certains ; mais il n'en peut avoir à l'égard des obligations d'une somme d'argent , à l'égard desquelles au contraire la Loi 11, *Cod. si cert. petar.* dit *incendium ære alieno non exuit debitorem.* Voyez notre Traité des Obligations , *N.* 622.

59. De l'obligation principale que le tireur contracte envers l'autre Partie, de lui faire payer au temps & au lieu convenu une certaine somme d'argent par le moyen d'une lettre de change , dérivent, 1°. l'obligation de lui fournir la lettre de change ; 2°. celle des dommages & intérêts, au cas qu'elle ne soit pas acquittée à l'échéance , ou de la restitution de la valeur qui a été donnée, au choix du donneur de valeur.

60. A l'égard de l'obligation de fournir la lettre de change, celui envers qui elle est contractée , ne peut régulièrement en demander l'exécution, s'il n'offre d'accomplir de son côté son obligation, & de payer la valeur qu'il s'est obligé de donner ; car c'est un principe général dans tous les contrats synallagmatiques, que l'un des contractans n'est pas receva-

ble à demander que l'autre s'acquitte envers lui de son obligation, s'il n'est prêt
lui-même à s'acquitter de la sienne.

Cette décision a lieu lorsque la convention ne porte pas, quand la valeur sera
fournie par celui à qui on doit fournir la
lettre de change; car en ce cas, il doit
fournir la valeur en même temps qu'on
lui fournît la lettre.

Mais s'il étoit convenu que celui à qui
on doit fournir la lettre de change ne
payeroit la valeur que dans un certain
temps, ou après que la lettre de change
aura été acceptée, ou après qu'elle aura
été payée ; en ce cas, celui qui la doit
fournir, ne pourroit pas se dispenser de la
fournir, quoique la valeur ne lui en fût
pas offerte.

61. Pourroit-il au moins demander caution à celui à qui il la doit fournir, s'il
ne se fioit pas à sa solvabilité ? Non :
c'étoit lorsqu'il a contracté avec lui qu'il
devoit s'informer de sa solvabilité ; l'ayant
une fois reconnu solvable, ayant une fois
suivi sa foi, il ne peut plus s'en dépar-
tir.

Néanmoins si depuis la convention il
étoit survenu quelque changement considérable & marqué dans la fortune de celui
à qui il a promis de fournir la lettre de
change, celui qui la doit fournir pourroit

en ce cas exiger, avant de fatisfaire à
fon obligation, qu'on lui donnât caution
de la valeur.

62. Le fecond chef d'obligation que
contracte par ce contrat de change *le tireur*
envers *le donneur de valeur*, eft l'obligation des dommages & intérêts *du donneur
de valeur*, à défaut de payement de la lettre à fon échéance, ou de la reftitution
de ce qui a été donné par la lettre au choix
du donneur de valeur; ç'eft ce qui réfulte
de la loi 56, *ff. de præfcr. verb. in quæ
actione*, (qui naît du contrat d'échange contre celui qui n'accomplit pas de
fon coté le contrat) *id veniet non ut red-
das quod acceperis, fed ut damneris mihi
quanti intereft mea illud de quo convenit
accipere; vel fi meum recipere velim, repe-
tatur quod datum eft, quafi ob rem datum
re non fecutâ.*

63. Ces dommages & intérêts ne doivent pas néanmoins s'étendre à tout ce
que celui à qui la lettre a été fournie prétend avoir fouffert, ou manqué de gagner,
par défaut de payement de la lettre; mais
ils doivent fe borner à ce qui eft réglé par
l'Ordonnance de 1673.

Par exemple, fi vous m'avez fourni
une lettre de change fur une telle Ville
payable au temps d'une certaine Foire,
& que faute de recevoir la fomme portée

par cette lettre, je n'ai pu faire les emplettes que je me propofois de faire à cette
Foire, je ne pourrai pas prétendre contre
vous, par forme de dommages & intérêts, l'eftimation du profit qu'il y eût eu
à faire fur ces emplettes ; mais je dois
me borner à ce qui a été réglé à cet égard
par l'Ordonnance de 1673 ; fçavoir,
qu'en cas de protêt, c'eft-à-dire, de défaut de payement de la lettre de change,
le tireur qui l'a fournie foit obligé de rendre & payer à celui à qui il l'a fournie,
1°. la fomme principale portée par la lettre de change ; 2°. celle qu'il a reçue pour
droit de change , au cas qu'il en ait reçu
un; 3°. les intérêts de ces deux fommes
qui commencent à courir de plein droit
contre lui du jour du protêt, même avant
qu'il ait été donné aucune demande. Ordonnance de 1673 , *tit.* 6 , *art.* 7 ; 4°. les
frais de protêt & autres procédures dont
il fera parlé *infrà.* 5°. Les frais de voyage que celui à qui la lettre a été fournie
a fait au lieu où elle étoit payable pour
y faire fes affaires , qu'il n'a pu faire faute de payement de ladite lettre ; il doit,
pour pouvoir prétendre le rembourfement des frais de voyage, affirmer en
Juftice, s'il en eft requis , qu'il a fait le
voyage pour recevoir le payement de la
lettre , & qu'il ne l'eût pas fait, s'il eût
fçu qu'elle ne fût pas payée.

Obfervez que les intérêts de la fomme à laquelle montent les frais de protêts & de voyage, ne lui font dûs que du jour de la demande qu'il en a faite.

64. 6°. Celui qui a fourni la lettre de change doit quelquefois rembourfer *le rechange* à celui à qui il l'a fournie.

Pour fçavoir ce que c'eft que *ce rechange*, il faut obferver que celui à qui la lettre a été fournie peut, en cas de refus de payement de la lettre, après avoir fait fon protêt, prendre d'un Banquier du lieu où la lettre étoit payable, une fomme d'argent pareille à celle portée par la lettre qui n'a pas été acquittée, & donner à ce Banquier en échange de l'argent qu'il reçoit de lui, une lettre de change de cette fomme tirée à vue fur celui qui lui avoit fourni la fienne, ou fur quelqu'autre perfonne.

Si pour avoir cet argent en échange de cette lettre, il a payé à ce Banquier un droit de change, parce que l'argent alors gagnoit fur les lettres, ce droit de change qu'il a payé à ce Banquier pour avoir l'argent dont il avoit befoin, eft ce qu'on appelle *le rechange* dont il doit être rembourfé par celui qui lui a fourni la lettre dont on lui a refufé le payement.

Celui à qui la lettre a été fournie pour pouvoir fe faire rembourfer de ce rechange, eſt tenu de juſtifier par des pieces valables, qu'il a pris de l'argent dans le lieu auquel la lettre qui lui a été fournie étoit tirée. Ordonnance de 1673, *Tit. 6, art. 7*.

L'intérêt de ce rechange ne lui eſt dû que du jour de la demande, *art. 7*.

65. La lettre de change qu'il donne au Banquier pour de l'argent qu'il reçoit de lui, doit être tirée ſur le lieu où s'eſt faite la remiſe de celle qui a été proteſ-rée : s'il l'a tirée ſur un lieu plus éloigné, & qu'il ait en conſéquence payé un re-change plus fort que n'eût été celui qu'il eût payé, ſi la lettre eût été tirée ſur le lieu où s'eſt faite la remiſe de la lettre pro-teſtée, il ne peut demander au tireur de la lettre proteſtée le rembourſement de ce rechange que juſqu'à concurrence de ce qui en eût été payé, ſi la lettre eût été tirée ſur le lieu où s'eſt faite la remiſe de la lettre proteſtée.

66. S'il n'y avoit pas de commerce entre le lieu où la lettre a été proteſtée & où il a été obligé de prendre de l'argent & celui où la remiſe en a été faite, de maniere qu'il n'eût pu trouver de l'ar-gent pour une lettre de change ſur ce lieu; comme il ne doit pas être réduit à l'im-poſſible, il doit lui être permis d'en ti-rer une ſur un autre lieu; mais il doit en ce cas *arbitrio boni viri* choiſir le lieu

le plus commode à celui qui lui a fourni
la lettre proteſtée & lui ménager autant
qu'il pourra les frais du rechange: car
l'équité veut qu'en nous procurant notre
indemnité , nous la faſſions de la maniere
la moins onéreuſe à celui qui nous la
doit.

67. Lorſque celui à qui la lettre a été
fournie l'a endoſſée au profit d'un tiers ,
le tireur en cas de protêt, faute de payement, eſt tenu d'indemniſer celui à qui
il l'a fournie de tout ce dont celui-ci eſt
tenu envers celui au profit de qui il l'a
endoſſée , tant en principal qu'intérêts
& frais, & en outre aux frais par lui
faits pour dénoncer les pourſuites faites
contre lui au tireur.

Néanmoins ſi j'avois négocié dans un
lieu plus éloigné la lettre de change qui
m'a été fournie, & que la lettre de change ayant été proteſtée faute de payement, le propriétaire de la lettre eut au
lieu où elle étoit payable, pris de l'argent d'un Banquier, pour une lettre de
change qu'il auroit tiré ſur le lieu éloigné où la remiſe m'a été faite de la valeur
de la lettre proteſtée, ce qui auroit produit un gros droit de rechange que je ſuis
tenu de rembourſer, celui qui m'a fourni
la lettre , ne ſeroit tenu de m'en indemniſer que juſqu'à concurrence de ce qui

eût été donné pour le rechange d'une
lettre de change fur le lieu où je lui ai fait
la remife de la valeur de la lettre proteftée qu'il m'a fournie, à moins qu'il ne
m'eût donné par écrit la permiffion de la
négocier fur le lieu où je l'ai négociée,
ou idéfiniment fur tel lieu que bon me
fembleroit. C'eft ce qui eft décidé par
l'Ordonnance de 1673, *T. 6, art. 5 & 6*;
car fans cela le tireur qui m'a fourni la lettre, eft cenfé n'avoir pas entendu qu'elle
feroit négociée fur des lieux éloignés;
ni par conféquent avoir voulu fe foumet-
tre en cas de protêt au coût des gros re-
changes auxquels cette négociation donneroit lieu.

Ceci s'éclaircira par un exemple : *Fin-
ge*, Denis Négociant de Paris, m'a fourni une lettre de change fur Georges de
Rouen; j'ai négocié cette lettre; & j'en
ai paffé l'ordre au profit de Conrad, Négociant d'Hambourg, qui en a remis la
valeur à mon correfpondant : le correfpondant de Conrad, s'étant préfenté à
l'échéance à Georges de Rouen qui a fait
refus de payer, il a fait fon protêt, &
il a pris de l'argent d'un Banquier de
Rouen pour une lettre de change qu'il
lui a donnée, tirée fur mon correfpondant
d'Hambourg; il a payé au Banquier qui
lui a donné de l'argent pour une lettre

tirée fur Hambourg un gros rechange, j'ai été obligé de faire acquitter cette lettre & de rembourfer à Conrad outre les frais de protêt & de dénonciation, le rechange que fon correfpondant a payé au Banquier de Rouen ; mais je ne pourrai pas me faire rembourfer par Denis de Paris qui m'a fourni la lettre, ce rechange que j'ai été obligé de rembourfer à Conrad d'Hambourg, fi ce n'eft feulement jufqu'à concurrence de ce qu'il en eût coûté pour le rechange, fi la lettre eût été tirée fur Paris où j'ai fait la remife à Denis de la valeur de celle qu'il m'a fournie & qui a été proteftée ; à moins que Denis lorfqu'il m'a fourni cette lettre ne m'eût expreffément permis de la négocier fur Hambourg, ou indéfiniment *Tit.* 6, *art.* 6.

68. le donneur de valeur, en cas de défaut de payement de la lettre qui lui a été fournie, peut, felon la nature du contrat d'échange, comme nous l'avons déja ci-deffus obfervé, répéter, fi bon lui femble, au lieu de fes dommages & intérêts, ce qu'il a donné pour la valeur de la lettre qui lui a été fournie, *condictione ob rem dati re non fecutâ.*

Si ce font des marchandifes qu'il a données pour la valeur de la lettre, qui foient encore en nature & en la poffeffion du tireur qui lui a fourni une lettre, il a un privilege fur lefdites marchandifes contre tous les autres créanciers du tireur.

69. C'eft le refus que fait d'acquitter la lettre celui fur qui elle eft tirée, qui donne ouverture à ces actions contre le tireur, & il donne ouverture, foit que le payement en ait été requis par le donneur de valeur, qui étoit encore propriétaire de la lettre lors de l'échéance, foit qu'il l'ait été par un ceffionnaire médiat ou immédiat de la lettre de change, au profit de qui le premier donneur de valeur, ou fon fucceffeur, l'auroit endoffée ; car le tireur s'eft obligé envers le premier donneur de valeur de faire payer la lettre de change foit à lui, foit à celui qui auroit l'ordre de lui ; & le refus fait à celui au profit de qui la lettre à été endoffée, eft cenfé fait au premier donneur de valeur, qui a intérêt qu'elle foit payée à celui à qui il l'a endoffée, s'étant obligé envers lui de la lui faire payer. Mais quoique par le refus fait au propriétaire de la lettre de change à qui elle a été endoffée, l'action contre le tireur foit ouverte, du chef du premier donneur de valeur, en la perfonne de qui elle réfide ; néanmoins ce n'eft pas par ce premier donneur de valeur qu'elle doit être intentée, mais par le propriétaire de la lettre de change, à qui cette action eft

cenſée avoir été créée par l'endoſſement de la lettre, qui lui a été fait.

70. Outre les deux obligations que le tireur par le contrat de change contracte envers le donneur de valeur, ſçavoir, celle de lui fournir la lettre, & celle de la faire acquitter à l'échéance, il en contracte encore une troiſieme, lorſque la lettre n'eſt payable qu'au bout d'un certain temps, ſcavoir, celle de la faire en attendant accepter par celui ſur qui elle eſt tirée : faute par lui de pouvoir ſatisfaire à cette obligation, par le refus que feroit celui ſur qui la lettre eſt tirée, de l'accepter, il eſt obligé de donner caution au donneur de valeur de faire acquitter la lettre à l'échéance au lieu où elle eſt payable; ſinon, à rendre la valeur qu'il a reçue, & les frais. La raiſon de cela, c'eſt que l'acceptation de celui ſur qui la lettre eſt tirée, eſt une ſûreté ſur laquelle celui à qui la lettre a été fournie, comptoit lors du contrat qui eſt intervenu entre lui & le tireur : le tireur ne pouvant la lui procurer, il doit lui donner une ſûreté équivalente, en lui donnant cette caution.

71. Il y a un cas particulier dans lequel la lettre de change eſt aux riſques du donneur de valeur, & dans lequel il n'a, à défaut de payement, aucun recours contre le tireur ; c'eſt celui dans lequel le donneur

de valeur a répondu au tireur, de la folvabilité de celui fur qui la lettre eft tirée, pour la fomme qui eft tirée fur lui ; c'eft ce qui paroîtra dans l'efpece fuivante. Paul a donné à Pierre, à Orléans, une fomme de mille livres pour une lettre de change de pareille fomme, que Pierre s'eft obligé de lui donner fur Lyon ; Pierre n'ayant point de correfpondant à Lyon pour faire compter à Lyon cette fomme à Paul, Paul lui a indiqué Jacques qui eft le fien ; & par une lettre d'avis, Paul a prié Jacques de rendre cet office à Pierre, dont il lui a certifié & garanti la folvabilité ; en conféquence Pierre a donné à Paul une lettre de change fur Jacques de Lyon, conçue en ces termes : *Mr. Jacques vous payerez à Paul, ou à fon ordre, la fomme de mille livres, valeur reçue comptant dudit Paul* ; & Paul a écrit au dos : *Pour moi payerez à vous-même.* Jacques a acquitté la lettre en fe rendant au compte qu'il a avec Paul, débiteur de cette fomme de mille livres, comme l'ayant reçue pour lui ; & au compte de Pierre, il s'eft porté créancier de Pierre pour la même fomme, comme ayant acquitté pour lui la lettre de change. Par la fuite Jacques, pour être payé des mille livres que lui doit Pierre, & pour s'acquitter en même-temps envers Paul de pareille fomme qu'il lui doit, envoie à Paul une lettre de change tireé fur Pierre. Si Paul n'en peut être payé à l'échéance, par l'infolvabilité de Pierre, il ne peut avoir aucun recours contre Jacques tireur de cette lettre, qui la lui a fournie. la raifon eft, que Jacques n'ayant avancé une fomme de mille livres pour Pierre, en acquittant fa lettre de change, qu'à la priere de Paul, Paul doit répondre à Jacques *actione mandati contrariâ* des mille livres qui lui font dues par Pierre.

§. I I I.

Des obligations que contracte le donneur de valeur par le contrat de change.

72. L'obligation principale que contracte le donneur de valeur, eft de payer la valeur de la lettre de change qui lui eft fournie; il doit la payer en même-temps que la lettre lui eft fournie, fans attendre qu'elle ait été acceptée ou acquittée, à moins qu'il n'en ait été convenu autrement. Néanmoins s'il étoit arrivé depuis la convention, un changement de fortune confidérable, foit dans la perfonne de celui qui lui a fourni la lettre, foit dans celle fur qui elle eft tirée, il pourroit exiger que pour la valeur qu'il payeroit, on lui

donnât caution que la lettre seroit acquittée.

73. De l'obligation que contracte le donneur de valeur naît un action que celui qui a fourni, ou qui doit fournir la lettre de change, a contre lui pour s'en faire payer la valeur.

Il a pour cette action un privilege sur la lettre qu'il a fournie, semblable à celui qu'un vendeur a sur la chose qu'il a vendue, pour le prix qui lui en est dû. C'est pourquoi si celui à qui la lettre a été fournie & qui en doit la valeur, venoit à faire faillite, & que la lettre fût trouvée sous les scellés de ses effets, quoique la lettre exprime, *valeur reçue comptant*, celui qui l'a fournie pourroit, en rapportant le billet de celui à qui il l'a fournie, par lequel il paroîtroit que la valeur lui en est due, exercer son privilege sur cette lettre contre les créanciers du failli à qui il l'a fournie, & s'en faire accorder la re-créance.

Il peut aussi la saisir & arrêter entre les mains de celui qui en est le porteur, pourvu que ce soit son débiteur à qui il l'a fourni, qui en soit encore le propriétaire.

Mais si avant qu'elle ait été saisie, il l'a endossée au profit d'un autre, celui qui la lui a fournie ne peut plus la saisir, pour la valeur

valeur qui lui en est due, & son privilege s'éteint; car c'est un principe commun à tous les effets mobiliers, du nombre desquels sont les lettres de change, que le privilege qu'un créancier a sur ces effets ne dure qu'autant qu'ils appartiennent à son débiteur : de-là cette maxime, *meubles n'ont pas de suite.*

74. Celui à qui la lettre est fournie s'oblige encore envers le tireur qui la lui fournit, à présenter la lettre au temps de l'échéance à celui sur qui elle est tirée, à faire constater par le protêt le refus qu'il feroit de l'acquitter, & à dénoncer ce refus au tireur, afin que ce tireur puisse prendre ses mesures pour faire payer celui sur qui la lettre est tirée, au cas qu'il soit son débiteur, ou qu'il ait des fonds à lui. Cette obligation de celui à qui la lettre est fournie résulte d'une espece de mandat dont il se charge envers le tireur qui lui a fourni la lettre, lequel est accessoire au contrat de change qui se fait entr'eux. Faute de remplir cette obligation, il est responsable de la perte que souffriroit le tireur, des fonds que ledit tireur avoit chez celui, sur qui la lettre est tirée pour l'acquittement de la lettre ; ce qui rend celui à qui la lettre a été fournie, non-recevable à en demander le paiement à celui

qui la lui a fournie, comme nous le verrons ci-après au Chapitre suivant.

75. Celui à qui la lettre a été fournie,
quoiqu'il ait grand intérêt de la faire accepter, ne s'oblige pas néanmoins envers
le tireur qui la lui a fournie, à la faire accepter; & faute de l'avoir fait, il n'eſt
pas déchu de ſon action de garantie contre lui, lorſque la lettre a été proteſtée
faute de paiement au jour de l'échéance,
Savary, *Parer.* 42.

§. I V.

*Si le contrat de change qui eſt intervenu
entre le tireur & le donneur de valeur,
peut ſe réſoudre ou recevoir quelque changement ſans le conſentement des deux
Parties.*

76. Le contrat de change qui intervient
entre le tireur & le donneur de valeur
étant, de même que tous les autres contrats, formé par le concours des volontés des deux Parties contractantes, ne
peut ſe réſoudre ni pour le tout ni pour
partie, que par le concours des volontés
des deux Parties. C'eſt pourquoi de
même que dans les contrats ordinaires
d'échange je ne peux vous obliger, ſi vous

n'y confentez, à me rendre la chofe que
je vous ai donnée en échange, aux offres
de vous rendre celle que j'ai reçue de
vous, ou de vous décharger de l'obligation de me la donner, fi je ne l'ai pas
encore reçue ; de même dans ce contrat
le donneur de valeur qui a contracté avec
le tireur, ne peut obliger le tireur à lui
rendre l'argent qu'il lui a donné pour la
valeur de la lettre de change, aux offres
de lui rendre la lettre, tant que celui fur
qui elle eft tirée n'eft pas en demeure de
l'acquitter.

77. Quand même le donneur de valeur auroit perdu, foit par fa faute, foit
même fans fa faute, la lettre qui lui a été
fournie, il ne pourroit pas pour cela obliger le tireur de confentir à la réfolution
du contrat, & de lui rendre la fomme
qu'il lui a donnée pour la valeur de la lettre, aux offres de donner quittance au tireur & une reconnoiffance que la lettre
de change demeureroit nulle, au cas qu'elle fût retrouvée : le tireur n'eft en ce cas
obligé à autre chofe qu'à lui fournir un
fecond exemplaire de la lettre de change.

Quand même le tireur auroit en ce cas
confenti à la réfolution du contrat, il ne
feroit tenu de rendre l'argent qu'il a reçu
pour la valeur de la lettre, qu'après qu'il
auroit eu le temps d'écrire à celui fur qui

elle eſt tirée, pour lui donner avis de la réſolution du contrat, afin qu'il ne paie pas la lettre, ſi elle lui étoit préſentée & celui d'en avoir réponſe.

78. Non-ſeulement le contrat entre le tireur & le donneur de valeur ne peut ſe réſoudre, il ne peut même recevoir aucun changement ſans le conſentement des Parties. C'eſt pourquoi le donneur de valeur ne peut contraindre le tireur à lui donner, à la place de la lettre de change qu'il lui a donnée, une autre lettre de change ſur un autre lieu, ou ſur une autre perſonne du même lieu.

Mais ſi les changements demandés ſont des changements qui n'intéreſſent que le donneur de valeur, & qui ne peuvent intéreſſer en rien le tireur, le tireur ne peut les refuſer, ſuivant ce premier principe de l'équité naturelle, que nous ſommes obligés de faire à notre prochain le plaiſir qu'il nous demande, lorſqu'il ne nous coûte rien. Par exemple, ſi vous m'avez donné une lettre de change ſur Lyon à l'ordre de Jean, qui étoit alors mon correſpondant ; & qu'ayant changé de correſpondant, je demande que vous me paſſiez à ſa place une autre lettre à l'ordre d'Irénée mon nouveau correſpondant ; vous ne pouvez pas me le refuſer, parce que cela vous eſt tout-à-fait indifférent,

ARTICLE II.

Des contrats entre l'endosseur & celui à qui il passe son ordre.

79. Nous avons vu au Chapitre dernier qu'il y avoit différentes especes d'endossements & d'endosseurs : le contrat qui intervient entre l'endosseur & celui à qui il passe son ordre, est différent selon ces différentes especes.

L'endossement par lequel l'endosseur, propriétaire de la lettre de change, passe son ordre à une personne qui lui en compte la valeur au lieu où se fait l'endossement, est un vrai contrat de change, par lequel celui à qui l'ordre est passé, échange l'argent qu'il donne à l'endosseur dans le lieu où se fait l'endossement, contre l'argent que l'endosseur s'oblige de son côté de lui faire recevoir dans le lieu où est tirée la lettre de change qu'il lui remet.

Ce contrat est entiérement semblable à celui qui intervient entre le tireur & le donneur de valeur.

Il produit entre l'endosseur & celui à qui l'ordre est passé, soit en cas de refus de paiement, soit en cas de refus d'acceptation, les mêmes obligations & les mêmes actions que la lettre de change produit entre le tireur & le donneur de valeur ; tout ce que nous en avons dit dans l'article précédent, reçoit ici application.

80. Outre ce contrat d'échange, cet endossement contient une ceffion & tranſport de la lettre de change que l'endoſſeur fait à celui à qui il paſſe ſon ordre, & de tous ſes droits & actions, tant contre ceux qui l'ont fournie, que contre celui ſur qui elle eſt tirée, lorſqu'il l'a acceptée.

C'eſt pourquoi en cas de refus de paiement & de protêt de la lettre de change, le propriétaire non-ſeulement a l'action qu'il a de ſon chef contre le dernier endoſſeur qui lui a paſſé ſon ordre, laquelle naît du contrat d'échange intervenu entre cet endoſſeur & lui, que l'endoſſement renferme ; mais il a encore les actions que cet endoſſeur avoit contre les précédents endoſſeurs & contre le tireur, leſquelles ſont cenſées lui avoir été cédées par l'endoſſement fait à ſon profit, comme nous venons de le dire, & auxquelles le refus qui lui eſt fait d'acquitter la lettre donne ouverture, comme nous avons vu *ſuprà N.* 62.

81. C'eſt une choſe particuliere à la ceffion qui ſe fait par l'endoſſement d'une lettre de change, que par cette ceffion celui au profit de qui l'ordre eſt paſ-

fé, entre dans tous les droits & actions de l'endosseur, dès l'instant de l'endossement, & sans qu'il soit besoin qu'il en fasse aucune signification à celui sur qui la lettre est tirée, ni à quelque autre personne que ce soit. Ordonnance de 1673, *tit.* 5, *art.* 24. C'est une exception à la regle générale, qu'un transport ne saisit, s'il n'est signifié, que nous avons établie en notre Traité du Contrat de Vente.

Pour que l'endossement opere de plein droit ce transport, il faut qu'il soit revêtu des formes prescrites par l'Ordonnance dont nous avons parlé *suprà N.* 38 *&* 39.

Quoique par la Déclaration du 18 Novembre 1702, toutes cessions & transports faits par quelqu'un dans les dix jours avant sa faillite, soient de nul effet, néanmoins l'endossement fait la veille de la faillite de l'endosseur est valable, & il transporte tous les droits résultans de la lettre de change à celui au profit de qui il a été passé, & qui en a payé de bonne foi la valeur ; c'est ce qui m'a été attesté par plusieurs Négocians très-expérimentés, & par des Banquiers. La raison pour laquelle l'usage a fait excepter cette espece de transport, de la rigueur & de la généralité des termes de la Déclaration du Roi, est pour ne pas donner atteinte à la foi publique

ſous laquelle ſe fait la circulation des lettres de change.

82. A l'égard de l'endoſſement par lequel l'endoſſeur paſſe ſon ordre à quelqu'un afin qu'il reçoive la lettre pour lui
& comme ſon mandataire, le contrat que
cet endoſſement renferme, & qui ſe fait
entre l'endoſſeur & celui à qui il paſſe ſon
ordre, eſt un contrat de mandat, d'où
naiſſent les obligations ordinaires du mandat. En conſéquence celui à qui l'ordre
eſt paſſé, s'oblige, en ſa qualité de mandataire envers ſon endoſſeur propriétaire
de la lettre de change, à la faire accepter,
ſi elle ne l'eſt pas encore ; à aller à l'é-
chéance recevoir le paiement de la lettre
de change, à lui en remettre la valeur ;
comme auſſi, à défaut d'acceptation ou de
paiement, à faire les protêts & autres
diligences requiſes en pareil cas. L'endoſſeur de ſon côté s'oblige à l'indemniſer
de toutes les dépenſes qu'il fera pour
cela.

83. Réguliérement celui à qui l'ordre
a été paſſé, qui eſt ordinairement un Banquier du lieu où la lettre de change eſt tirée, n'eſt obligé à en remettre à l'endoſſeur propriétaire de la lettre, la ſomme
qu'il a reçue pour lui, comme ſon mandataire, qu'au lieu où il l'a reçue ; ce qui eſt

conforme au principe par nous établi en
notre Traité des Obligations , que le débiteur d'une fomme d'argent n'eft tenu de
la payer qu'au lieu de fon domicile , qui
eft celui où elle peut lui être demandée ,
ubi petitur.

Affez fouvent néanmoins par une convention particuliere, le Banquier à qui
l'ordre eft paffé, fe charge de faire remettre au propriétaire de la lettre , lorfqu'il
l'aura reçue , le montant de ladite lettre
au lieu du domicile du propriétaire de la
lettre , ou en tel autre lieu qu'il lui indique.

Le Banquier exécute cette commiffion
par une lettre de change qu'il lui fournit
fur le lieu où il s'eft chargé de lui remettre le montant de celle qu'il a reçue pour
lui comme fon mandataire.

Ceci s'éclaircira par un exemple : Aig-
nan d'Orléans a acheté de Victor de Marfeille une certaine quantité de bottes d'hui-
le pour la fomme de mille écus, en paiement de laquelle il lui a donné une lettre
de change fur Pierre de Lyon ; Victor
ayant reçu cette lettre de change, l'en-
doffe & paffe fon ordre au Banquier Irénée , fon correfpondant à Lyon , & la lui
envoie afin qu'il la reçoive pour lui ; &
par la lettre d'avis , il charge Irénée de lui
en faire toucher le montant à Marfeille.

D v

Irénée va, à l'échéance, chez Pierre ſur qui la lettre eſt tirée, à qui il remet la lettre & en reçoit le montant, comme mandataire de Victor qui lui en a paſſé l'ordre ; & pour en remettre le montant à Victor, ſuivant la lettre d'avis, il envoie à Victor une lettre de change ſur Caſſien Banquier à Marſeille & correſpondant dudit Irénée.

84. Cette lettre de change par laquelle le Banquier remet à l'endoſſeur le montant de celle qu'il a reçue pour lui, eſt aux riſ-ques de ce Banquier. Par exemple, dans l'eſpece ci-deſſus propoſée, ſi Caſſien, ſur qui le Banquier Irénée a tiré la lettre de change qu'il a envoyée à Victor pour lui remettre le montant de celle qu'il a reçue pour lui, ne payoit pas à l'échéan-ce, Victor après avoir proteſté la lettre, auroit recours contre Irénée, ſauf à Iré-née ſon recours pour les fonds qu'il a chez Caſſien, contre ledit Caſſien : & ſi ledit Caſſien eſt inſolvable, c'eſt Irénée qui ſouffrira de ſon inſolvabilité.

Victor n'eſt pas tenu en ce cas, *actione mandati contrariâ*, à indemniſer Irénée ſon mandataire de la perte qu'il a ſouffer-te de ſes fonds qu'il avoit chez ſon cor-reſpondant Caſſien ; car ce n'eſt pas ſpé-cialement & directement pour l'affaire de Victor, mais en général pour l'exercice de son commerce de banque, qu'il avoit ces fonds chez Cassien.

85. Lorsque le Banquier, porteur de la lettre de change, qui en a reçu le montant pour moi, à qui la lettre appartenoit, n'ayant pas de correspondant au lieu où il doit m'en faire la remise, porte la somme qu'il a reçue pour moi à un Négociant du lieu où il l'a reçue, qui lui donne à la place une lettre de change sur le lieu où la remise doit s'en faire, payable à mon ordre, qu'il m'envoie, la lettre de change est-elle aux risques de ce Banquier ? & si elle n'est pas acquittée, & que le tireur tombe en faillite, la perte doit-elle tomber sur mon banquier ? Si c'étoit moi qui lui eusse indiqué ce Négociant, & que ce fût par mon ordre, ou au moins de mon consentement exprès qu'il lui eût porté l'argent qu'il a reçu pour moi, afin d'avoir la lettre de change, il n'y a pas de doute en ce cas que la perte tombe sur moi, & que le Banquier, en comptant de mon ordre l'argent à ce Négociant, est pleinement libéré envers moi, comme s'il me l'eût compté à moi-même, suivant cette regle de droit : *Quod jussu meo alicui solvitur perinde est ac si mihi solutum esset ; l. 180, ff. d. R. J.* Mais si j'avois écrit à mon Banquier de me faire tenir ici l'argent qu'il a reçu pour moi, sans lui désigner par qui, la

lettre de change fera-t-elle à fes rifques?J'ai confulté fur cette queftion d'anciens Négocians qui fe font trouvés d'avis contraire : l'un d'eux prétendoit que le Banquier étoit garant de la folvabilité de celui de qui il avoit pris pour moi la lettre de change; qu'il ne devoit s'adreffer qu'à des perfonnes dont il fût certain de la folvabilité, & que lorfqu'il n'en étoit pas certain, il ne devoit donner mon argent qu'après avoir eu avis que la lettre a été acquittée, & donner en attendant fon billet. L'autre Négociant que j'ai confulté, foutient au contraire que pourvu que la perfonne à qui il a compté mon argent pour une lettre de change, fût une perfonne qui jouiffoit alors de fon crédit, la lettre n'eft pas aux rifques du Banquier, mais aux miens, à moins que par une convention particuliere entre nous, il n'eût répondu *du croire*, c'eft-à-dire, de la folvabilité de la perfonne à qui il s'adrefferoit. La raifon eft, qu'un mandataire eft quitte de fon mandat lorfqu'il ne retient rien de ce qu'il a reçu en exécution de fon mandat, & qu'on ne peut lui reprocher aucune faute : or dans l'efpece propofée, le Banquier ayant remis de bonne foi l'argent qu'il avoit reçu pour moi à ce Négociant, ne retient rien de ce qu'il a reçu pour moi, & il femble qu'on ne puiffe lui reprocher aucune faute; puisque le Négociant à qui il a remis mon argent pour une lettre de change, jouissoit alors de son crédit : il n'a fait, en lui comptant mon argent pour une lettre de change, que ce qu'un homme prudent auroit pu faire pour ses propres affaires.

86. Il est d'usage, dans le contrat qui se passe entre le propriétaire de la lettre de change & son mandataire à qui il passe son ordre pour la recevoir, d'accorder à ce mandataire une certaine somme modique, à raison de tant pour cent, afin de le récompenser, non-seulement du soin qu'il doit prendre d'aller recevoir· la lettre à l'échéance ; mais aussi, si c'est un Banquier, du risque qu'il court dès fonds qu'il est obligé d'avoir chez ses correspondants dans les différents lieux pour y faire la remise du montant des lettres de change qu'il a reçues comme mandataire, à ceux qui lui en ont passé leur ordre.

On appelle cette somme, que l'endosseur propriétaire de la lettre donne à son mandataire à qui il a passé son ordre, *une provision*. Cette provision est un profit très-licite du commerce de banque, pourvu qu'elle ne soit pas excessive, c'est-à-dire, pourvu que le Banquier n'exige pas plus que ce qu'il est d'usage selon le cours de la place de recevoir en pareil cas.

87. Lorfque celui à qui l'ordre a été paffé ne s'eft chargé que de recevoir la lettre de change, & d'en tenir compte au lieu de fon domicile où il a reçu l'ordre, on peut même en ce cas convenir qu'on vous donnera une certaine provifion pour la récompenfe de fes peines ; mais comme un tel mandat ne l'oblige pas à avoir des fonds hors de chez lui dont il court le rifque, la provifion fembleroit devoir en ce cas être beaucoup moindre que s'il s'étoit chargé de remettre les fonds dans un autre lieu.

Néanmoins on m'a dit que dans l'un & dans l'autre cas il étoit affez d'ufage d'accorder une provifion femblable qui étoit de demi pour cent.

88. Le contrat de mandat, qui intervient entre l'endoffeur & celui à qui il a paffé fon ordre, étant de fa nature un contrat gratuit, cette provifion n'eft pas due au mandataire à qui l'endoffeur a paffé fon ordre, à moins qu'on n'en foit convenu par une convention particuliere : il n'eft pas néanmoins toujours néceffaire que cette convention foit expreffe ; elle fe préfume facilement lorfque celui à qui l'ordre eft paffé, eft par état un Banquier qui eft dans l'ufage de fe faire payer ces provifions.

89. Il nous reſte à obſerver deux différences entre cette eſpece d'endoſſement
qui ne renferme qu'un ſimple mandat, &
celui qui renferme un tranſport de la lettre de change. Dans celui-ci celui au profit de qui l'ordre eſt paſſé devenant par
cet endoſſement propriétaire de la lettre de change, peut en diſpoſer &
paſſer lui-même ſon ordre à un autre ;
mais dans l'eſpece d'endoſſement qui ne
contient qu'un ſimple mandat, celui au
profit de qui l'ordre eſt paſſé ne peut pas
ordinairement en paſſer l'ordre à un autre,
c'eſt pourquoi dans ces eſpeces d'endoſſemens, l'endoſſeur s'exprime ainſi : *pour
moi payerez à un tel*, & ordinairement il
n'ajoute pas comme dans l'autre endoſſement, *ou à ſon ordre.*

L'endoſſeur pourroit néanmoins, s'il
le jugeoit à propos, accorder à ſon mandataire à qui il a paſſé ſon ordre la faculté de ſe ſubſtituer une autre perſonne, en
ajoutant dans l'endoſſement ces mots *ou
à ſon ordre* ; & en ce cas le mandataire
à qui l'endoſſeur a paſſé ſon ordre, pourroit en paſſer lui-même ſon ordre au profit d'un autre ; mais l'ordre qu'il en paſſe-
roit à un autre, ne pourroit valoir que
comme une ſimple procuration d'en recevoir le paiement de celui ſur qui la
lettre eſt tirée, quand même la lettre

porteroit que l'endoſſeur en auroit reçu la valeur comptant de celui à qui il a paſſé ſon ordre ; car cet endoſſeur n'étant pas lui-même propriétaire de la lettre, n'en peut transférer à un autre la propriété. Voyez Savary, *parer.* 41.

90. Une ſeconde différence eſt, que cette eſpece d'endoſſement qui ne contient qu'un mandat, eſt révocable ſelon la nature des mandats ; c'eſt pourquoi l'endoſſeur peut demander à la perſonne à qui il a paſſé ſon ordre, qu'elle lui rende la lettre de change qu'il lui a remiſe ; & comme il pourroit arriver qu'elle ne la lui rendit pas, & qu'elle allât à ſon échéance la recevoir, il peut pour empêcher cela, dénoncer à celui ſur qui elle eſt tirée, qu'il ne la paye point à la perſonne à qui il en a paſſé l'ordre, ni à d'autres, mais à lui-même.

ARTICLE III.

Du contrat qui intervient entre le tireur & celui ſur qui la lettre eſt tirée.

91. Le contrat entre le tireur & celui ſur qui la lettre eſt tirée, eſt un vrai contrat de mandat, *mandatum ſolvendæ pecuniæ* : il intervient & ſe contracte par l'acceptation que fait de la lettre de change

celui fur qui elle eft tirée, ou même avant cette acceptation par le confentement qu'il donne par lettre miſſive au tireur de tirer fur lui.

Ce contrat paroît auſſi tacitement contracté, lorſque celui fur qui la lettre eft tirée eft un Banquier qui a reçu du tireur des fonds pour accepter & acquitter ſes lettres.

92. Il y a plus : tous les Négocians avec qui j'ai conféré, m'ont aſſuré qu'il étoit d'un uſage conftant dans le commerce, qu'un Négociant créancier d'un autre Négociant d'une ſomme liquide pour une affaire de commerce, pouvoit, ſans attendre un conſentement exprès de ſon débiteur, tirer fur lui une lettre de change de cette ſomme, & que faute par lui de l'acquitter, il étoit condamné aux frais de protêt, de rechange, *&c.* de même que s'il eût conſenti qu'on tirât fur lui. Cet uſage m'a ſurpris, car les dommages & intérêts qui réſultent du défaut de paiement de la dette d'une ſomme d'argent, ſe bornent aux intérêts de cette ſomme ; les autres dommages & intérêts auxquels il eft condamné, faute d'acquitter la lettre tirée fur lui, tels que font les frais de rechange, *&c.* ne peuvent naître que d'une autre obligation, qui eft l'obligation de mandat qu'il a contractée, en

confentant qu'on tire fur lui une lettre de change de la fomme qu'il doit & en fe chargeant de l'acquitter : il ne peut donc pas y être condamné, s'il n'a pas confenti qu'on tirât une lettre de change fur lui. Tout ce qu'on peut dire pour juftifier cette Jurifprudence des Confulats , eft qu'étant d'ufage dans le commerce qu'un Négociant qui contracte envers un autre une dette d'une fomme liquide pour une affaire de commerce, confente que fon créancier la tire fur lui par une lettre de change ; un Négociant en contractant une pareille dette , quoiqu'il ne foit pas expliqué que fon créancier pourroit tirer fur lui une lettre de change , eft cenfé en être tacitement convenu , fuivant cette regle de Droit, *in contractibus tacitè veniunt quæ funt moris & confuetudinis* : au refte cela doit être reftreint aux dettes de commerce ; le créancier de toute autre dette , ne peut pas tirer une lettre de change fur fon débiteur, s'il n'y a confenti.

93. Le contrat de mandat qui intervient entre le tireur, & la perfonne fur qui la lettre eft tirée, qui a confenti foit expreffément , foit tacitement qu'on tirât fur elle , n'eft pas différent des autres mandats ; celui fur qui la lettre eft tirée qui eft le mandataire, eft obligé *actione mandati directâ* , d'exécuter & accomplir

le mandat dont il s'eſt chargé. C'eſt pourquoi ſi par une lettre il a écrit au tireur de tirer ſur lui, il eſt obligé d'accepter la lettre de change qu'il a conſenti qu'on tirât ſur lui, & enſuite de l'acquitter à l'échéance ; & faute de faire l'un ou l'autre, il eſt tenu envers le tireur ſon mandant, des dommages & intérêts que ſon mandant peut ſouffrir de l'inexécution de ce mandat, qui conſiſtent à l'indemniſer de tous les frais auxquels donneroient lieu les recours de garantie que le propriétaire de la lettre proteſtée & les endoſſeurs précédens ont contre lui.

94. Si celui ſur qui la lettre eſt tirée n'avoit accepté le mandat que ſous condition, *putà*, ſous la condition que le mandant lui remettroit des fonds ; en ce cas, le mandant n'ayant point ſatisfait à la condition ; & n'ayant point remis les fonds, le mandataire ne ſeroit point obligé d'exécuter le mandat qu'il n'a accepté que ſous cette condition ; & il pourroit par conſéquent ne point accepter les lettres tirées ſur lui.

95. Quand même ce mandataire auroit conſenti qu'on tirât ſur lui ſans appoſer la condition que le tireur lui remettroit auparavant les fonds ; néanmoins ſi depuis ce conſentement, il avoit paru quelque changement de fortune dans le man

dant, il pourroit se dispenser d'accepter les lettres, jusqu'à ce que les fonds lui fussent remis : mais il doit en donner avis au mandant & ne pas attendre qu'il tire sur lui, pour ne le pas exposer à des protêts & recours faute d'acceptation.

96. Quand même il auroit les fonds, il ne doit plus accepter les lettres depuis que la faillite du tireur est ouverte ; car depuis ce temps un créancier du tireur ne doit pas être payé préférablement aux autres. *Scach.* §. 2, *gl.* 5, *N.* 390.

97. Telles sont, envers le tireur, les obligations de celui sur qui la lettre est tirée, obligations qui naissent du mandat.

D'un autre côté le tireur qui est le mandant s'oblige envers l'acceptant sur qui il a tiré la lettre, à l'indemniser de tout ce qu'il lui en coûtera pour l'exécution du mandat.

De cette obligation du tireur naît l'action *mandati contraria* que l'accepteur a contre le tireur.

1°. A l'effet d'être remboursé par le tireur de la somme qu'il a avancée pour lui pour l'acquittement de la lettre de change.

L'accepteur n'auroit pas cette action, si les fonds lui avoient été remis par le tireur ; ou s'il étoit débiteur du tireur d'autant ou de plus ; mais au moins en ce cas le tireur s'oblige envers l'accepteur son débiteur de ne point exiger de lui avant l'échéance de la lettre, la somme qu'il lui doit, qui doit tenir lieu à l'accepteur de sûreté de l'indemnité de l'obligation qu'il a contractée pour le tireur par l'acceptation.

De-là il suit que les créanciers du tireur ne pouvant avoir plus de droit que leur débiteur, ne peuvent arrêter sur l'accepteur ce qu'il doit au tireur jusqu'à concurrence de la somme portée par la lettre qu'il a acceptée.

98. 2°. Lorsque l'accepteur n'ayant pas reçu les fonds nécessaires que le tireur devoit lui remettre pour l'acquittement de la lettre, ne l'a pas acquittée à son échéance, & en conséquence a été poursuivi par le propriétaire de la lettre ; l'accepteur peut aussi par l'action *mandati contrariâ* demander au tireur qu'il l'acquitte de tous les frais de poursuites, pourvu qu'il les lui ait dénoncées le plutôt qu'il a été possible.

99. Scachia, *tract. de comm*, §. 2 , *gl.* 5, *quest.* 15 , propose cette question : le porteur de la lettre de change l'a falsifiée & a écrit une plus grande somme que celle portée par la lettre : la falsification est faite de manière qu'elle peut tromper une personne attentive & intelligente. Le

Banquier qui trompé par la falfification de la lettre qui lui a été préfentée, a payé au porteur la fomme entiere qui paroiſſoit portée par la lettre, aura-t-il la répétition contre le tireur ſon mandant, de ce qu'il a payé de plus que la fomme qui étoit effectivement & véritablemedt portée par la lettre? Scachia décide pour l'affirmative. On peut dire pour ſon opinion que felon les regles du contrat de mandat, le mandant s'oblige à rembourfer le mandataire ſe tous les débourfés auxquels le mandat aura donné lieu, pourvu que le mandataire n'ait pas par ſa faute débourfé plus qu'il ne falloit ; *mandator debet refundere mandatorio quidquid ei inculpabiliter abeſt ex cauſâ mandati* , comme nous l'avons établi *in Pand. Juſtin. tit. mand.* *N.* 53 , *& feqq.* or le paiement qu'a fait le Banquier de la fomme entiere , qui par la falfification de la lettre paroiſſoit être portée par la lettre qu'on lui a préfentée , eſt un débourfé auquel le mandat du tireur a donné lieu ; & l'on ne peut en cela reprocher aucune faute à ce Banquier, puifqu'on fuppofe que la falfification étoit telle qu'elle pouvoit furprendre un homme intelligent, le tireur ne peut donc pas fe difpenfer de rembourfer le Banquier fur qui il a tiré la lettre, de la fomme entiere qu'il a payée , fauf au tireur à exercer l'action du Banquier, *conditionem in-debiti*, contre le porteur de la lettre, pour la répétition de ce qu'il a reçu de plus que la somme qui étoit véritablement portée par la lettre. Si ce porteur de la lettre eſt un homme inſolvale, c'eſt le tireur qui doit ſouffrir de cette inſolvabi-lité, puiſque ſon mandataire n'eſt pas en faute.

On peut dire au contraire en faveur du tireur, qu'il ne faut pas confondre, ce qu'il en a coûté au mandataire pour l'exé-cution du mandat, *ex cauſâ mandati*, avec ce qu'il lui a coûté à l'occaſion du man-dat, *non ex cauſâ mandati, ſed tantùm occaſione mandati*. Ce qu'il en coûte *ex cauſâ mandati*, eſt tout ce qui tend à l'exé-cution du mandat. Par exemple, ſi je vous ai chargé d'aller viſiter une terre que je voulois acquérir, les frais de voyage, les ſalaires que vous avez payés aux ou-vriers dont vous vous êtes fait aſſiſter, & autres choſes ſemblables, ſont des dé-bourſés qui tendoient à l'exécution du mandat dont je vous ai chargé, & qui ſont faits *ex cauſâ mandati* : ce n'eſt que de ces choſes que je ſuis cenſé, par le con-trat de mandat intervenu entre nous, m'être obligé de vous rembourſer. Mais ſi vous avez été attaqué en chemin par des voleurs qui vous ont volé, je ne ſuis pas obligé de vous indemnifer de cette perte ; car quoique ce foit à l'occafion de mon mandat dont vous vous êtes chargé, que vous l'avez foufferte, & que vous ne l'euffiez pas foufferte fans cela ; néanmoins ce n'eft pas pour *l'exécution de mon mandat*, mais feulement *à l'occafion de ce mandat*, qu'il vous en coûte ce qu'on vous a volé ; c'eft par un cas fortuit, dont on ne peut pas dire que j'aie voulu m'obliger de vous indemnifer, puifqu'il n'a pas même été prévu : *non omnia quæ impenfurns non fuit, mandatori imputabit : veluti quod fpoliatus fit à latronibus..... nam hæc magis cafibus quàm mandato imputari oportet. L.* 26 §. 6, *mandat.* Ces principes s'appliquent naturellement à l'efpece propofée : lorfque le Banquier fur qui j'ai tiré une lettre de change de cent livres, trompé par la falfification de la lettre, paye trois cent livres au porteur de la lettre, le paiement qu'il a fait de la fomme de deux cent livres de plus qu'il n'eft porté par la lettre, n'eft pas un paiement qu'il faffe *ex caufâ mandati* en exécution du mandat dont je l'ai chargé ; on peut feulement dire, qu'il l'a fait *à l'occafion du mandat :* la falfification de la lettre qui l'a induit en erreur & qui lui a caufé la perte de la fomme qu'il a induement payée, eft un cas fortuit, qui n'a pas été

ni

ni pu être prévu, & dont on ne peut dire par conséquent que j'aie voulu me charger de le dédommager.

Cependant si c'étoit par la faute du tireur que le Banquier eût été induit en erreur, le tireur n'ayant pas eu le soin d'écrire sa lettre de maniere à prévenir les falsifications, *puta*, s'il avoit écrit en chiffres la somme tirée par la lettre, & qn on eût ajouté zéro, le tireur seroit en ce cas tenu d'indemniser le Banquier de ce qu'il a souffert de la falsification de la lettre, à laquelle le tireur par sa faute a donné lieu, & c'est à ce cas qu'on doit restreindre la décision de Scacchia.

La distinction que nous faisons entre le cas auquel un mandataire a souffert quelque dommage à l'occasion du mandat sans qu'il y eût eu aucune faute de la part du mandant, & celui auquel le mandant a donné occasion au dommage par sa faute, est fondée sur des textes de Droit. Paul en la Loi 26, §.7, ff. *mandat.* décide que si je vous ai chargé de m'acheter un certain esclave, & que cet esclave, après que vous l'avez acheté, & avant que vous me l'ayez envoyé, vous a volé, je suis obligé de vous indemniser de cette perte que vous avez soufferte à l'occasion du mandat, dans le cas auquel j'aurois connu cet esclave pour être un voleur;

parce que dans ce cas je ſuis en faute de
ne vous en avoir pas averti ; mais qu'hors
ce cas je ne ſuis point obligé de vous indemniſer du vol que vous avez ſouffert à
l'occaſion du mandat, mais ſeulement de
vous abandonner l'eſclave pour le vol, de
même que j'y ſerois obligé envers tout
autre auquel il auroit fait quelque vol ou
cauſé quelque dommage. Il eſt vrai qu'Af-
fricain en la Loi 61, *aliàs* 63, §. 5, ff. *de
furtis*, décide que vous êtes tenu de m'indemniſer du vol, même dans le cas auquel vous n'auriez pas eu connoiſſance
que cet eſclave étoit voleur, *etiamſi ig-
noraverit is qui certum hominem emi mandaverit furem eſſe, nihilominus tamen damnum decidere cogetur* ; . . . . . mais c'eſt
qu'Africain penſoit que même en ce cas
c'étoit la faute du mandant qui avoit donné lieu au dommage qu'avoit ſouffert le
mandataire, & que le mandant étoit en
faute de ne s'être pas informé des mœurs
de l'eſclave dont il avoit chargé ſon mandataire de faire l'emplette ; *nam certè*,
dit-il, *mandantis culpam eſſe qui talem ſer-
vum emi ſibi mandaverit.* C'eſt donc à
ce cas auquel le dommage, ſouffert par le
mandataire à l'occaſion du mandat, pourroit être attribué à quelque faute du mandant, qu'on doit reſtreindre tout ce qui
eſt dit dans cette Loi, *juſtiſſimè procura-*

*tōrem allegare , non fuiſſe ſe id damnum
paſſurum , ſi mandatum non ſuſcepiſſet ;
& plus bas , æqulus eſſe , nemini officium
ſuum [quod ejus cum quo contraxerit non
etiam ſui commodi cauſâ ſuſcepit] dam-
noſum eſſe.*

Lorſque c'eſt la faute du mandataire
qui a donné lieu au dommage qu'il a ſouffert à l'occaſion du mandat, il n'eſt pas
douteux qu'il ne peut pas demander à en
être indemniſé, *d. L. 6, §. 7.*

Il réſulte de tout ceci qu'on ne doit pas
décider indiſtinctement que le tireur doive indemniſer le Banquier de la perte que
lui a cauſée l'erreur en laquelle l'a induit la
falſification de la lettre, & qu'on doit décider au contraire que le tireur n'eſt tenu
de cette indemnité que dans le cas auquel,
par quelque faute de ſa part, ou par celle
de ſon Facteur, il auroit donné lieu à cette falſification, faute d'avoir, en écrivant
la lettre, pris les précautions qu'il pouvoit prendre pour la prévenir.

Dans le cas même où le mandant n'auroit pas eu le ſoin de prendre ces précautions, le mandataire ne pourra pas répéter du tireur ce qu'il a payé de plus que la
ſomme qui étoit véritablement portée par
la lettre, ſi la falſification pouvoit s'appercevoir avec quelque attention ; car en ce
cas, c'eſt la faute du Banquier de n'avoir

pas bien examiné la lettre qui lui a été présentée, & il n'est pas recevable, suivant les principes ci-dessus, à demander l'indemnité d'une perte à laquelle il a donné lieu par sa faute.

Observez qu'on doit à cet égard exiger plus d'un Banquier de profession que d'une autre personne sur qui la lettre seroit tirée, qui ne seroit pas de cet état, à l'égard de laquelle il me paroît devoir suffire, pour l'excuser, que la falsification ne fût pas une falsification grossiere & qui saute aux yeux.

103, Si un faussaire avoit fabriqué en entier une fausse lettre de change sous mon nom, adressée à mon Banquier, & qu'il eût contrefait mon écriture & ma signature, de maniere à tromper une personne attentive & intelligente, il n'est pas douteux en ce cas que le Banquier à qui il auroit présenté cette lettre & qui lui auroit payé la somme y portée, n'auroit pas d'action contre moi pour s'en faire rembourser ; car le mandat général que je lui ai donné d'accepter & de payer les lettres de change que je tirerois sur lui, ne comprend que les lettres de change qui viennent de ma part, & ne peut s'étendre à cette fausse lettre qui ne vient pas de ma part. Ajoutez cette autre difference entre cette espece & la précédente, qui est que dans la précédente le tireur peut quelquefois être en quelque faute pour n'avoir pas écrit sa lettre avec assez de précaution & de maniere qu'elle ne fût pas susceptible de falsification ; au lieu que dans celle-ci il ne peut y avoir aucune faute de ma part, n'ayant pas pu empêcher qu'un faussaire contrefît mon écriture & ma signature. Voyez *Scacch.* *ibid.*

104. *Scacchia*, §. 2 , *glos.* 5 , *n.* 340. propose une autre espece : la lettre de change a été ravie par violence , & cette violence a été constatée. Avant qu'on en ait pu donner avis à l'accepteur, le voleur s'est présenté à lui avec la lettre , en prenant le nom de celui à qui l'ordre en étoit passé , & en a reçu le paiement ; ce paiement fait à ce voleur , qui n'avoit pas pouvoir de recevoir, n'ayant pas libéré le tireur ni l'accepteur envers le propriétaire de la lettre , comme nous le verrons *infrà* , chap. 6 , art. 1 , §. 1 , on demande si cet accepteur pourra se faire faire raison , *actione mandati contrariâ* , par le tireur, dont il est le mandataire, de la somme qu'il a payée au voleur ? Scacchia décide pour la négative , parce que , dit-il, l'accepteur *non fecit quod sibi mandatum est* , l'action *mandati contraria* ne donne au mandataire la répétition que de ce qu'il a déboursé pour l'exécution du mandat, *ex*

causâ mandati : or l'objet du mandat que renfermoit la lettre de change que le tireur lui a adreſſée, étoit d'acquitter cette lettre, & de la payer à celui à qui elle étoit effectivement payable ; le paiement qu'il en a fait à ce voleur à qui elle n'étoit pas payable, n'eſt pas l'exécution de ce mandat : en le faiſant, *non fecis quod ſibi mandatum eſt*, & par conſéquent ce paiement ne doit pas donner ouverture à l'action *mandati contrariâ*.

Il eſt vrai que le paiement que le Banquier a fait à ce voleur eſt un débourſé qu'il a fait *occaſione mandati* ; mais ſuivant les principes établis ſur les queſtions précédentes, le mandant n'eſt pas obligé d'indemniſer le mandataire de ce que le mandataire a débourſé ou perdu *occaſione mandati, non ex causâ mandati*, lorſqu'il n'y a aucune faute de la part du mandant qui a donné lieu à cette perte, & que c'eſt un cas purement fortuit & tout-à-fait imprévu, qui y a donné lieu : *ea magis caſibus deputanda ſunt* ; d'ailleurs les Banquiers doivent ſe faire certifier des perſonnes qui leur préſentent les lettres, lorſqu'ils ne les connoiſſent pas.

105. Le tireur contracte envers celui ſur qui la lettre eſt tirée, les obligations que nous venons d'expoſer, lorſqu'il tire la lettre de change pour ſon compte par-

ticulier. Il arrive fouvent dans le commerce que le tireur tire la lettre pour le
compte d'un autre : par exemple, Jacques
d'Amfterdam, qui eft débiteur envers moi
d'une fomme de 3000 liv. m'écrit, pour
s'en acquitter, de tirer cette fomme pour
fon compte fur fon Banquier de Paris ;
en conféquence je tire une lettre de change fur ce Banquier. Si par la lettre je déclare à celui fur qui elle eft tirée que c'eft
pour le compte de Jacques qu'elle eft tirée,
& que c'eft par lui qu'il en fera rembourfé, je ne contracte par cette lettre envers
le Banquier qui l'accepte purement & fimplement, aucune obligation de remettre
les fonds au Banquier ; la loi portée par
la lettre de change étant qu'elle eft tirée
pour le compte de Jacques, & que c'eft
par Jacques qu'il en fera rembourfé, le
Banquier en acceptant la lettre purement
& fimplement, fuit la foi de Jacques pour
le compte duquel elle eft tirée, & il ne
peut m'en demander les fonds fur le prétexte qu'ils ne lui auroient pas été remis
par Jacques, & que Jacques auroit fait
depuis banqueroute. C'eft la décifion de
Savary, *Tom.* 2, *Parer.* 12.

Par la même raifon, fi par la lettre de
change que j'ai tirée il étoit dit que c'étoit
pour compte à moitié entre Jacques &
moi, je ne ferois obligé envers le Ban-

quièr qui l'auroit acceptée purement &
fimplement, qu'à la remife de la moitié
des fonds, & cet accepteur ne pourroit
fe pourvoir pour l'autre moitié que contre Jacques, dont il a bien voulu fuivre
la foi, en acceptant la lettre purement &
fimplement.

Tout ce que le Banquier pourroit exiger
du tireur qui a tiré la lettre pour le compte d'un autre, eft que fi ce Banquier l'eût
acceptée fans en avoir avis de la perfonne pour le compte de qui elle eft tirée, il
pourroit demander que le tireur lui rap-
portât l'ordre ou le confentement que cette perfonne auroit donné de tirer pour fon
compte, afin de pouvoir fe pourvoir
contre elle.

106. *Quid*, fi le Banquier ne voulant
pas avoir affaire à Jacques pour le compte de qui la lettre eft tirée, avoit refufé
d'accepter la lettre aux conditions qui y
étoient portées, & que néanmoins pour
éviter au tireur un protêt & les pourfuites
qui en font la fuite, il eût accepté ou
payé la lettre, en déclarant & proteftant
par écrit qu'il l'acceptoit ou qu'il la payoit
par honneur pour le tireur, mais fans vouloir accepter Jacques pour débiteur, ni
s'adreffer à d'autres qu'au tireur pour en
être rembourfé; le Banquier en ce cas
qui auroit payé la lettre fous cette pro-

teſtation, aura-t-il action contre le tireur pour être rembourſé? Oui. Il eſt vrai qu'il n'a pas l'action *mandati contraria*, puiſqu'il a refuſé d'accepter le mandat aux conditions qui y étoient portées; mais on ne peut lui refuſer l'action *negotiorum geſtorum contraria*, telle que l'auroit toute autre perſonne qui auroit acquitté la lettre de change par honneur pour le tireur; car en acquittant cette lettre, il a utilement géré les affaires du tireur; il l'a libéré de la ſomme portée par ſa lettre, ſomme dont il étoit débiteur envers le propriétaire de la lettre; & il lui a évité les frais d'un protêt & des procédures qui en auroient été la ſuite. Il eſt vrai que s'il eût accepté la lettre purement & ſimplement, il n'eût pas été recevable à ſe pourvoir contre le tireur, & il eût dû être renvoyé à ſe pourvoir contre Jacques. La raiſon eſt, que s'étant ſoumis par ſon acceptation pure & ſimple de la lettre, aux conditions de la lettre, il eſt obligé de ſatisfaire à ces conditions; mais lorſque par la proteſtation qu'il a faite lors de ſon acceptation, il a déclaré qu'il n'entendoit point avoir affaire à d'autres qu'au tireur, le tireur ne peut pas le renvoyer à ſe pourvoir contre Jacques.

107. Scacchia rapporte un Jugement de la Rote de Genes, par lequel il a été

jugé que le Banquier qui avoit accepté avec cette proteſtation la lettre ṭirée ſur lui, étoit obligé, lors du paiement qu'il en faiſoit, de renouveller cette proteſtaṭion ; faute de quoi, il étoit obligé de ſatisfaire aux conditions portées par la lettre. J'aurois de la peine à me rendre à cette déciſion.

Tout ce qu'on pourroit dire pour cette déciſion, eſt que le paiement que le Banquier fait de la lettre qui eſt tirée ſur lui, renferme une acceptation du mandat que cette lettre renferme , & une acceptation pure & ſimple, lorſque ce paiement ſe fait purement & ſimplement & ſans aucune proteſtation. La réponſe eſt facile : le paiement renferme l'acceptation de la lettre , lorſqu'il n'a pas été précédé d'une autre acceptation ; mais lorſqu'il y a eu une acceptation précédente , le paiement qu'il fait de la lettre ne renferme pas l'acceptation , mais le paiement de l'obligation qu'il a contractée par ſon acceptation qui a précédé. Ce paiement eſt relatif à l'obligation qu'il a contractée par ſon acceptation faite avec la proteſtation de ne pas ſe ſoumettre aux conditions de la lettre , & ne peut être cenſé lui en faire contracter d'autres.

108. Si le Banquier ſur qui Pierre a tiré une lettre de change, avec la clauſe qu'il

en feroit rembourfé par Jacques, avoit reçu de Jacques les fonds fuffifans pour ce rembourfement ; il eft évident qu'en ce cas la proteftation qu'avoit faite le Banquier, en acceptant la lettre, deviendroit de nul effet ; mais il ne fuffiroit pas pour empêcher l'effet de cette proteftation, que Jacques eût écrit à ce Banquier qu'il le rembourferoit de la lettre de change tirée fur lui par Pierre, lorfqu'il l'auroit acquittée, ce Banquier étant le maître de refufer Jacques pour débiteur.

109. Le Banquier qui a accepté la lettre de change tirée fur lui par Pierre, payable par Jacques, fous la proteftation qu'il n'entendoit pas s'adreffer à Jacques, doit donner avis à Pierre de cette proteftation, afin que Pierre qui a des fonds chez Jacques pour le rembourfement de la lettre de change, puiffe, fi bon lui femble, les retirer. Si Pierre, faute d'avoir été averti de cette proteftation par le Banquier, n'avoit point retiré les fonds qu'il avoit chez Jacques, & qu'il vînt à les perdre par la faillite de Jacques qui furviendroit, Scacchia décide qu'en ce cas le Banquier feroit tenu envers Pierre de cette perte ; car en acceptant la lettre, quoique fous cette proteftation, il n'a pas à la vérité accepté le mandat qu'elle renferme, mais au moins il s'eft chargé

de la gestion des affaires de Pierre, relative à cette lettre , & par conséquent il s'est chargé de faire tout ce qu'il étoit de l'intérêt de Pierre qu'il fît relativement à cette lettre : or Pierre avoit un intérêt manifeste d'être averti de la protestation sous laquelle ce Banquier a accepté la lettre , afin de pouvoir retirer ses fonds de chez Jacques ; le Banquier qui a manqué de l'en avertir, a donc manqué à quelque chose que l'intérêt de Pierre exigeoit qu'il fît , & que la gestion des affaires de Pierre , relative à la lettre qu'il avoit acceptée ,. l'obligeoit de faire ; par conséquent faute de l'avoir fait, il est responsable de la perte que Pierre a soufferte ,. en ne retirant pas avant la faillite de Jacques ,. les fonds qu'il avoit chez Jacques pour acquitter la lettre.

110. Quoique le contrat de mandat qui intervient entre le tireur & l'accepteur soit de sa nature gratuit, & qu'en conséquence l'accepteur ne puisse rien demander que le remboursement de ce qu'il a déboursé pour accepter la lettre ; néanmoins il est d'usage que, par une convention particuliere, le tireur accorde à l'accepteur un certain salaire ou récompense à raison de tant pour cent : on appelle cette récompense ,. une provision ; elle est très-licite *in utroque foro* lorsque l'accepteur

est un Banquier, pourvu qu'elle ne soit pas excessive, c'est-à-dire, qu'elle n'excéde pas ce qu'il est d'usage d'accorder pour cela aux Banquiers; c'est un gain & un profit légitime de son commerce de banque.

ARTICLE VI.

Si les Endosseurs contractent quelque engagement envers l'Accepteur.

111. Ordinairement les endosseurs ne contractent aucun engagement envers l'accepteur; car quoique le payement que l'accepteur fait de la lettre de change opere indirectement la libération des obligations des endosseurs envers le propriétaire de la lettre de change, ce n'est point pour les endosseurs que l'accepteur fait le payement de la lettre de change, mais pour s'acquitter du mandat que le tireur lui a donné d'acquitter cette lettre; ce n'est donc que contre le tireur, qui est son seul mandant, qu'il a action pour s'en faire rembourser. Bien loin que les endosseurs contractent aucune obligation envers lui, c'est au contraire lui qui par l'acceptation qu'il a faite de la lettre, a accédé à l'obligation de faire acquitter la lettre dont le tireur étoit tenu envers les endosseurs

112. Néanmoins si le Banquier ou autre sur qui la lettre est tirée, après avoir refusé de l'accepter, & avoir laissé protester, acquittoit la lettre en déclarant expressément & par écrit que c'est pour faire honneur à un tel endosseur ; en ce cas le Banquier ne l'ayant pas acquittée pour le tireur dont il a refusé d'accepter le mandat, mais pour cet endosseur, & ayant en cela géré utilement l'affaire de cet endosseur, puisqu'il l'a libéré de la dette dont il étoit tenu envers le propriétaire de la lettre, il n'est pas douteux qu'il se forme en ce cas entre le Banquier & cet endosseur le quasi contrat *negotiorum gestorum*, & que le Banquier peut se faire rembourser par cet endosseur, *actione contrariâ negotiorum gestorum*, sauf à cet endosseur son recours contre les précédens endosseurs & contre le tireur.

ARTICLE V.

Du quasi-Contrat entre celui qui pour faire honneur au Tireur, ou à quelqu'un des Endosseurs, acquitte la Lettre au refus de celui sur qui elle est tirée, & ledit Tireur ou Endosseur.

113. Lorsque celui sur qui la lettre est tirée, refusant de l'accepter, ou de la

payer après l'avoir acceptée, une autre perfonne l'accepte ou l'acquitte pour faire honneur au tireur, ou à quelqu'un des endoffeurs, ce n'eft point un contrat de mandat qui intervient entre cette perfonne & le tireur ou l'endoffeur, à qui il a déclaré qu'il vouloit faire honneur, qui ne l'en avoit point chargé, & qui n'a aucune connoiffance du fervice que cette perfonne lui rend ; mais c'eft le quafi-contrat qu'on appelle en droit, *negotiorum geftorum*, qui produit les obligations qui en naiffent : le tireur ou l'endoffeur eft donc obligé envers cette perfonne *actione contrariâ negotiorum geftorum*, à lui remettre la fomme qu'elle a payée pour l'acquittement de la lettre de change.

114. Celui qui acquitte une lettre de change pour l'honneur du tireur ou de quelqu'un des endoffeurs, doit pour obliger envers lui *actione negotiorum geftorum*, celui pour l'honneur de qui il l'acquitte, la laiffer protefter par le porteur avant que de la payer ; *Elem. Jur. Camb. Hein. cap.* 6, §. 9, *in not.* La raifon eft, que le tireur & les endoffeurs ne devenant débiteurs de la lettre que par le protêt qui en eft fait, il faut qu'il ait été fait, pour que celui qui l'a payée puiffe prétendre les en avoir acquittés, & avoir en conféquence contre eux l'action *negotiorum geftorum*.

L'étranger qui acquitte une lettre protestée, n'a pas seulement cette action *negotiorum gestorum* contre celui pour l'honneur de qui il l'a acceptée : l'Ordonnance de 1673, *Tit.* 5, *art.* 3, le subroge en toutes celles qu'avoit le propriétaire de la lettre de change qu'il a payé contre tous ceux qui en sont tenus. Cet article porte : *au moyen du payement, il demeurera subrogé en tous les droits du porteur de la lettre, quoiqu'il n'en ait pas de transport, subrogation ni ordre.*

Il n'est donc pas besoin pour cela qu'en payant il en ait requis la subrogation.

Pareillement il n'est pas nécessaire qu'après le protêt fait par le porteur de la lettre, l'étranger qui la lui paye, fasse un nouveau protêt, qu'on appelle, *protêt d'intervention.* Cet acte, quoiqu'il soit en usage en ce cas dans certaines Provinces, est absolument inutile & superflu.

Au reste il doit intenter ces actions contre le tireur dans les mêmes délais dans lesquels le porteur, s'il n'eût pas été payé auroit dû les intenter, selon la regle, *qui alterius jure utitur, eodem jure uti debet.*

Il doit même intenter dans les mêmes délais l'action *negotiorum gestorum* qu'il a de son chef ; autrement celui pour l'honneur de qui il a payé *& cujus negotium*

geſſit, ſeroit de pire condition que s'il ne
l'eût pas fait ; ce que la nature du quaſi-
contrat *negotiorum geſtorum* ne permet
pas.

ARTICLE VI.

*Du Contrat qui intervient entre l'Accep-
teur ſur qui la Lettre eſt tirée, & le Propriétaire de la Lettre.*

§. I.

*Quel eſt ce Contrat, & comment inter-
vient-il ?*

115. L'acceptation que celui ſur qui la
lettre eſt tirée fait de cette lettre, renferme un contrat entre l'accepteur & le propriétaire, par lequel l'accepteur accede
à l'obligation du tireur de la lettre, &
s'oblige en conſéquence, conjointement
& ſolidairement avec le tireur envers le
propriétaire de la lettre, à lui payer en
acquit du tireur la ſomme portée par la
lettre, à ſon échéance & au lieu où elle
eſt payable.

116. Ce contrat eſt un contrat unilatéral ; car il n'y a que celui ſur qui la lettre
eſt tirée qui par le contrat que ſon acceptation renferme, contracte une obligation
envers le propriétaire de la lettre : celui-

ci de son côté n'en contracte aucune.

§. I I.

Des Obligations qui naissent du Contrat que l'acceptation renferme.

117. Il apert par la définition que nous avons donnée du contrat qui intervient par l'acceptation entre l'accepteur & le propriétaire de la lettre, que l'obligation principale & primitive qui naît de ce contrat, est de payer la somme portée par la lettre à son échéance.

Les obligations accessoires & secondaires consistent en ce que faute de paiement, à l'échéance, l'accepteur est obligé de payer au propriétaire de la lettre, avec la somme principale, 1°. les intérêts de cette somme qui courent de plein droit du jour du protêt avant qu'il ait été donné aucune demande. 2°. Le coût du protêt, les frais de voyage de la même maniere que nous avons dit *supra* qu'en étoit tenu le tireur. 3°. Le rechange de la même maniere que nous avons vu *supra* qu'en étoit tenu le tireur, à l'obligation duquel l'accepteur est censé avoir accédé par son acceptation. Enfin il est de même que le tireur tenu des intérêts de ces sommes du jour de la demande.

§. III.

En quels cas l'Accepteur peut-il ou ne peut-il pas être déchargé de son obligation ?

118. Celui sur qui la lettre est tirée ayant une fois contracté l'obligation de la payer par l'acceptation qu'il en a faite, ne peut plus se défendre de payer à l'échéance, sur le prétexte que le tireur ne lui a pas remis les fonds, & qu'il a fait depuis banqueroute ; car ces choses n'étant point du fait du porteur ou propriétaire de la lettre envers qui cet accepteur a engagé sa foi, ne peuvent servir à le dégager.

Par la même raison l'accepteur qui a accepté purement & simplement n'est pas recevable à alléguer qu'étant le commissionnaire du tireur, il n'a accepté qu'en cette qualité, & non en son propre nom. *Savary, Parer.* 48, *q.* 2.

Néanmoins si celui sur qui la lettre de change est tirée, & à qui les fonds n'ont pas été remis pour l'acquitter, avoit été engagé à l'accepter par le dol du porteur ou du propriétaire de la lettre, il seroit restituable contre son acceptation & son engagement.

Il n'importe que ce soit par le proprié-

taire de la lettre de change, ou par le porteur de la lettre, mandataire de ce propriétaire, que l'accepteur ait été induit en
erreur, pour que cet accepteur soit restituable ; car le dol d'un procureur ou mandataire peut être opposé à son commet-
tant. *L. 5, §. 2, ff. de dol. & met. except.*

C'est un dol de la part du porteur de
la lettre, lorsqu'ayant connoissance de la
prochaine faillite du tireur, il dissimule
cette connoissance à celui sur qui la lettre
est tirée pour qu'il l'accepte.

C'est pourquoi si l'accepteur peut prouver que le porteur, lorsqu'il lui a présenté
la lettre avoit connoissance de la prochaine faillite du tireur, il sera restituable
contre son acceptation.

Lorsque le propriétaire de la lettre de
change a envoyé par un courier extraor-
dinaire la lettre pour la faire accepter, &
que la faillite du tireur a suivi peu après,
cette précipitation, sur-tout si elle est
jointe à d'autres circonstances, peut faire
présumer dans le propriétaire une connoissance de la prochaine faillite, & un
dol pour faire accepter la lettre ; ce qui
rend l'accepteur restituable contre son
acceptation comme y ayant été engagé
par le dol de la Partie : c'est ce qui a été
jugé par Arrêt, rapporté dans le Traité
de la Serra, *& recit.*

119. Lorſque je dis que l'accepteur eſt reſtituable dans ce cas, je n'entends pas qu'il ſoit beſoin qu'il prenne des lettres de reſciſion en Chancellerie; les Juges-Conſuls étant établis pour juger *ex æquo & bono*, peuvent, ſans qu'il ſoit beſoin de lettres, donner congé de la demande contre l'accepteur, fondée ſur une pareille acceptation; car il ſuffit pour cela que cette demande ſoit contraire à l'équité & à la bonne foi, comme elle l'eſt en effet.

129. Hors ce cas de dol, quand même le tireur feroit faillite dès le lendemain de l'acceptation, cet accepteur demeurera obligé envers le propriétaire de la lettre de change qui en a de bonne foi payé la valeur au tireur.

Bien plus, quand même l'acceptation n'auroit été faite par le Banquier qui n'avoit pas de fonds, que depuis la faillite ouverte du tireur, dont les Parties n'avoient pas encore eu de nouvelles, pluſieurs Négocians expérimentés & pluſieurs Banquiers que j'ai conſultés ou fait conſulter, ont été unanimement d'avis que le Banquier n'étoit pas reſtituable contre ſon acceptation. En vain oppoſe-t-on que s'il eût eu connoiſſance de la faillite, il n'eût pas accepté, & que c'eſt l'erreur en laquelle il étoit de la ſituation des affaires du tireur, qui l'a fait accepter; car cette erreur ne concerne que le motif qui l'a porté à contracter l'obligation que renferme l'acceptation : or nous avons vu dans notre Traité des Obligations, *N*. 20 , que l'erreur de motif n'empêchoit pas l'obligation de subsister.

Mais si le propriétaire de la lettre de change étoit un créancier du tireur à qui le tireur auroit donné la lettre de change en payement de ce qu'il lui devoit dans les dix jours avant la faillite, la lettre de change est en ce cas censée donnée à ce créancier pour le gratifier en fraude des autres créanciers ; c'est pourquoi l'accepteur qui seroit aussi créancier du tireur, pourroit nonobstant son acceptation, refuser de l'acquitter. C'est l'avis de Scacch. §. 2, *gl.* 5, *n.* 35 & 445.

Pareillement si l'accepteur peut découvrir que le propriétaire de la lettre de change en doit la valeur au tireur à qui il en a fait son billet, l'accepteur à qui le tireur failli n'a pas remis de fonds, peut comme exerçant les droits du tireur son débiteur, pour sûreté de la valeur de la lettre que le propriétaire de la lettre doit au tireur, retenir la somme qu'il s'est obligé par son acceptation de payer à ce propriétaire de la lettre.

§. I V.

Si le propriétaire de la Lettre peut avoir quelque action contre celui sur qui elle est tirée, lorsque celui - ci ne l'a pas acceptée.

121. Ce n'est que par l'acceptation que fait de la lettre de change celui sur qui elle est tirée, qu'il contracte une obligation envers le propriétaire de la lettre ; tant qu'il ne l'a pas acceptée, il n'est en aucune maniere le débiteur du propriétaire de la lettre.

Quand même celui sur qui la lettre est tirée, auroit contracté envers le tireur l'obligation de l'accepter ; tant qu'il ne l'a pas fait, il n'est pas proprement le débiteur de la lettre envers le propriétaire de la lettre, & celui-ci n'a en conséquence aucune action de son chef contre lui ; mais il peut, en exerçant les droits du tireur son débiteur, exercer contre lui celles du tireur.

ARTICLE VII.

De l'Obligation qui naît des Avals.

122. Nous avons déja vu que dans la négociation d'une lettre de change, on ap-

pelle *aval* le cautionnement que subit une personne, soit pour le tireur en mettant sa signature au bas de la lettre de change, soit pour un endosseur en mettant sa signature au bas de l'endossement, soit pour l'accepteur en la mettant au bas de l'acceptation.

Ce cautionnement est de même que tous les autres cautionnemens, un contrat unilatéral, par lequel celui qui a mis son aval, soit au bas de la lettre de change, soit au bas de l'acceptation, contracte envers le créancier de la personne qu'il cautionne, toutes les obligations que cette personne a contractée envers le créancier.

Du contrat que renferme l'aval mis au bas de la lettre de change, naît une action qu'a le donneur de valeur ou le propriétaire de la lettre qui est en ses droits, contre celui qui a mis son aval, laquelle est aux mêmes fins que celle que l'un ou l'autre a contre le tireur.

Pareillement, du contrat que renferme l'aval mis au bas de l'endossement, naît une action qu'a celui au profit de qui l'endossement a été fait, ou le propriétaire de la lettre qui est en ses droits, contre celui qui a mis son aval au bas de l'endossement, & qui est aux mêmes fins que celles que l'un ou l'autre a contre l'endosseur,

Pareillement, de l'aval qui est au bas de l'acceptation

l'acceptation, naît une action qu'a le propriétaire de la lettre contre celui qui a
mis son aval, laquelle est aux mêmes fins
que celle qu'il a contre l'accepteur.

123. C'est une chose particuliere à cette
espece de cautionnements qui se font par
un aval, que ceux qui les ont faits, quand
même ils ne seroient ni Marchands, ni
Banquiers de profession, sont sujets à la
contrainte par corps, de même que le
tireur, ou l'endosseur, ou l'accepteur
qu'ils ont cautionné, & qu'ils ne peuvent
opposer les exceptions de discussion & de
division qui sont accordées aux cautions
ordinaires. *Heinnec. Elem. Jur. camb.* 6,
10, *cum nota.*

Mais si ce n'étoit pas par un aval, mais
par un acte séparé, que quelqu'un se fût
rendu caution, soit pour le tireur, soit
pour un endosseur, soit pour l'accepteur,
il ne seroit pas privé de ces exceptions ;
il ne seroit pas sujet à la contrainte par
corps, à moins qu'il ne fût l'associé de
celui qu'il a cautionné. C'est le sentiment
de Heinneccius, *ibid.*

ARTICLE VIII.

De ce qu'ont de particulier les actions qui naiſſent de la négociation de la Lettre de Change.

124. Toutes les actions qui naiſſent de la négociation de la lettre de change, ſoit contre le tireur, ſoit contre les endoſ-ſeurs, ſoit contre celui à qui la lettre a été fournie, & qui s'eſt obligé d'en donner la valeur, ſoit contre l'accepteur, ſoit contre ceux qui ont mis leur aval au bas de la lettre, de l'endoſſement, ou de l'acceptation, ont cela de particulier que quand même les parties contractantes ou quaſi-contractantes ne ſeroient ni Marchands, ni Banquiers de profeſſion, elles ſont de la compétence de la juriſdiction conſulaire. *Ordonnance de 1673, tit. 12, art. 2.*

La raiſon eſt que la négociation de la lettre de change eſt une eſpece de commerce & de trafic, & qu'en conſéquence tous ceux qui s'immiſcent à cette négociation, font par cela même un acte de trafic & de commerce qui les rend, pour ce qui en dépend, juſticiables de la Juriſ-diction conſulaire.

125. La négociation de la lettre de change

étant une matiere confulaire, il fuit de-là
1°. que les actions qui naiffent de cette
négociation peuvent être intentées & ju-
gées, fans qu'il foit befoin de faire con-
trôler, la lettre de change & autres actes
qui fervent de fondement à ces actions.
Arrêt du Confeil du 30 *Mars* 1706.
2°. Il fuit du même principe que dans ces
actions, le demandeur peut conclure au
principal, fans avoir fait auparavant fta-
tuer fur la reconnoiffance de la lettre de
change ou des billets fur lefquels fa demande eft fondée ; ces actes étant cenfés
fuffifamment reconnus pour cela feul que
le défendeur ne les dénie pas.

Si le défendeur dénioit avoir foufcrit
la lettre de change, ou quelqu'autre acte
fervant de fondement à la demande donnée contre lui ; les Confuls devroient
avant que de prononcer, renvoyer les
parties devant le Juge ordinaire pour fta-
tuer fur la reconnoiffance de l'acte. C'eft
là difpofition de la Déclaration du 15 Mai
1703.

126. 3°. Dans les actions qui naiffent
de la négociation de la lettre de change,
foit contre le tireur, foit contre les endoffeurs, foit contre l'accepteur, le demandeur avant qu'il ait été ftatué fur ces
actions, & auffi-tôt après le protêt qui
y donne ouverture, peut fur une fimple

permiſſion du Juge procéder par voie de ſaiſie & arrêt ſur les effets du tireur, des endoſſeurs & de l'accepteur. *Ordonnance de* 1673, *Tit.* 5, *art.* 12.

127. 4°. Enfin les ſentences de condamnation qui ſont rendues ſur ces actions emportent la contrainte par corps contre toute ſorte de perſonnes. *Ordonnance de* 1667, *tit.* 34, *art.* 4.

Il faut en excepter les femmes & filles qui ne ſont pas Marchandes publiques, *d. tit* 34, *art.* 8, M. Jouſſe ſur cet article cite un Arrêt du Conſeil-Privé du 2 Septembre 1704, qui a déchargé de la contrainte par corps une fille qui avoit accepté une lettre de change conjointement avec ſa mere.

La même Ordonnance, *d. tit. art.* 9, décharge auſſi de la contrainte par corps les ſeptuagénaires.

Les mineurs qui, n'étant ni Marchands, ni Banquiers, ni Financiers, ſont intervenus dans une négociation de lettre de change, ne ſont pas non plus ſujets à la contrainte par corps, ni les perſonnes conſtituées dans les ordres ſacrés. *Voyez* le Commentaire de M. Jouſſe ſur ledit art. 9, où il rapporte encore quelques exceptions à la contrainte par corps.

CHAPITRE V.

*De l'exécution de la négociation de Lettre
de Change.*

SECTION PREMIERE.

*De ce que doit faire le Porteur de la Lettre
de Change.*

128. LE porteur de la lettre de change,
lorsqu'il n'est que le mandataire
de celui à qui elle appartient, doit, le
plutôt qu'il est possible, se présenter avec
sa lettre de change à celui sur qui elle est
tirée pour la lui faire accepter.

Il est très-important qu'il la fasse accepter ; car ce n'est que par l'acceptation
que celui sur qui elle est tirée en devient
débiteur : faute de cette acceptation,
le propriétaire de la lettre de change,
n'a pour débiteur que le tireur à qui
il en a compté la valeur. C'est pourquoi si les affaires du tireur venoient à se
déranger, le porteur de la lettre qui a
négligé de se présenter pour la fair accepter, pourroit être tenu des dommages
& intérêts du propriétaire de la lettre

dont il eſt le mandataire, s'il y avoit de ſa faute, *actione mandati directâ*.

Obſervez en paſſant que lorſque ce n'eſt pas au tireur à qui le propriétaire de la lettre a donné la valeur; mais à un endoſſeur, il a pour débiteur non-ſeulement cet endoſſeur, mais les endoſſeurs précédents & le tireur, comme nous l'avons déja vu; & par conſéquent ce ne ſeroit qu'en cas d'inſolvabilité de toutes ces perſonnes, que le porteur mandataire du propriétaire de la lettre, ſeroit tenu d'avoir négligé de faire accepter la lettre.

Lorſque le porteur de la lettre en eſt en même temps le propriétaire, il ne la fait accepter que s'il le juge à propos; car en ne le faiſant pas, il ne peut faire tort qu'à lui-même; il y a néanmoins un cas auquel il eſt obligé de la faire accepter; c'eſt celui auquel la lettre eſt tirée ſous élection de domicile, comme ſi Pierre de Nantes tire une lettre de change ſur Louis d'Orléans, payable dans Paris, le porteur eſt obligé de la faire accepter par Louis d'Orléans avant l'échéance, afin de pouvoir à l'échéance ſe préſenter au domicile de Paris.

129. Soit que la lettre de change ait été acceptée, ſoit que le porteur ait négligé de la faire accepter, le porteur doit

se préfenter, à l'échéance de la lettre de change, à celui fur qui elle eft tirée, avec cette lettre pour en avoir le paiement.

130. Si le porteur de la lettre de change l'a égarée, il doit s'en faire donner un fecond exemplaire par le tireur.

Lorfqu'il ne tient pas immédiatement du tireur la lettre de change, & que la lettre contient plufieurs endoffements, il doit pour avoir ce fecond exemplaire, s'adreffer au dernier endoffeur qui lui en a paffé l'ordre, & le dernier endoffeur doit fur la réquifition qui lui en eft faite par écrit par le porteur de la lettre, lui prêter fes bons offices auprès du précédent endoffeur, & ainfi d'endoffeur en endoffeur jufqu'au tireur pour avoir un fecond exemplaire; c'eft la difpofition du Réglement du 30 Août 1714.

Tous les frais & faux frais comme ports de lettres, *&c.* qui feront faits pour cela doivent être portés & rembourfés par le porteur qui a égaré la lettre.

Néanmoins fi le dernier endoffeur, ou en remontant, quelqu'un des précédents avoit été, après une réquifition par écrit, réfufant ou en demeure de prêter au porteur fes bons offices & fon nom pour avoir un fecond exemplaire de la lettre de change, celui qui aura été réfufant où en demeure , sera tenu de tous les frais & dépens , même des faux frais faits par toutes les parties depuis son refus ; c'est aussi la disposition du Réglement de 1714, ci-dessus cité.

Le tireur requis de donner un second exemplaire de la lettre de change dont le premier exemplaire a été égaré, est tenu , à peine de dommages & intérêts du propriétaire , de le donner ; il y insére cette clause : *pour le second exemplaire, bon au cas que la lettre n'ait pas déja été acquittée sur le premier*; ou encore plus laconiquement , *vous payerez par cette seconde, ne l'ayant fait sur la premiere.*

131. Suivant l'Ordonnance de 1673 , *Tit.* 5 , *art.* 19 , le porteur qui a adhiré la lettre ne peut s'en faire payer sur un second exemplaire que *par Ordonnance de Justice , & en baillant caution de garantir le paiement qui en sera fait.* C'est pourquoi le porteur muni de ce second exemplaire , doit présenter requête au Juge , par laquelle il exposera qu'il a égaré le premier exemplaire de la lettre de change , & requerra qu'il soit ordonné que celui sur qui elle est tirée , lui en fera le paiement , aux offres de lui donner caution de le lui garantir. Le Juge met au bas de cette requête un *viennent*; en conséquence le porteur de la lettre fait assigner celui sur qui

elle est tirée, & fait rendre une Sentence conforme aux conclusions de la Requête.

La garantie de paiement pour laquelle le porteur doit donner caution, consiste en ce que s'il se trouvoit sur le premier exemplaire un endossement que le porteur de la lettre eût passé à une personne, & qu'après que celui sur qui elle est tirée, auroit payé la lettre au porteur sur le second exemplaire, cette personne vînt présenter le premier exemplaire, & demander le paiement de la lettre dont il se trouve le vrai propriétaire par l'endossement qui s'y trouve, le porteur qui sur le second exemplaire en a été payé, doit défendre & acquitter de cette demande celui sur qui la lettre est tirée qui lui en a fait le paiement.

Il est évident que cette disposition de l'Ordonnance n'a lieu que lorsque la lettre de change est à ordre ; si elle étoit payable déterminément à la personne du porteur, le porteur pourroit sur le second exemplaire en exiger le paiement, sans être obligé de donner caution. *Ordonnance de* 1673, *tit,* 5, *art.* 18.

132. Il nous reste à observer une précaution que doit prendre le porteur de la lettre qui l'a égarée, lorsqu'il n'est pas connu au moins de vue, de celui sur qui elle

est tirée ; c'est de lui en donner avis au plutôt, afin qu'il ne la paye pas à la personne qui se présentera avec la lettre, sans se faire certifier qu'elle est celle dénommée dans la lettre, & à qui elle est payable.

SECTION II.

De ce que doit faire le Porteur de la Lettre, à défaut d'acceptation, ou à défaut de paiement à l'échéance.

133. Lorsque celui sur qui la lettre est tirée refuse de l'accepter, pour que le propriétaire de la lettre puisse exercer l'action qu'il a en ce cas contre le tireur, dont il a été parlé, *suprà*, N. 70, il faut qu'il ait préalablement fait constater ce refus par un acte de protêt.

Soit que la lettre ait été acceptée, soit qu'elle ne l'ait pas été, soit qu'elle ait été déja protestée faute d'acceptation, soit qu'elle ne l'ait pas été, le porteur de la lettre doit, comme il a déja été dit *suprà, n.* 83, se présenter à l'échéance à celui sur qui elle est tirée pour en recevoir le paiement ; & en cas de refus de payer, il doit faire constater ce refus par un acte de protêt, & dénoncer ensuite & poursuivre en garantie les tireur & endosseurs dans les tems prescrits par l'Ordonnance de 1673.

Nous verrons, 1°. ce que c'est que le protêt, sa forme ; 2°. à qui il doit être fait ; 3°. en quel temps il peut & doit se faire. 4°. Nous traiterons de la dénonciation du protêt & des poursuites en garantie. 5°. Nous verrons suivant quelle loi se doit régler la forme des protêts ; le temps de les faire & de les dénoncer. 6°. Quelle est la peine du défaut de protêt, ou de dénonciation de protêt.

ARTICLE PREMIER.

Des Protêts que doit faire le Porteur d'une Lettre de Change, en cas de refus d'acceptation ou de paiement.

§. I.

Ce que c'est que le Protêt, sa forme.

134. Le protêt est un acte solemnel fait à la requête du propriétaire de la lettre de change ou du porteur de la lettre, au nom & comme procureur du propriétaire, pour constater le refus que fait celui sur qui elle est tirée, de l'accepter ou de payer.

Il y a donc deux protêts ; l'un faute d'accepter, l'autre faute de payer.

135. Suivant la Déclaration du Roi du

26 Janvier 1664, & suivant l'art. 8 du Tit. 5 de l'Ordonnance de 1673, le protêt doit être fait par deux Notaires ou par un Notaire assisté de deux témoins, ou par un Huissier ou Sergent, assisté pareillement de deux témoins, lesquels doivent se transporter au domicile de celui sur qui la lettre est tirée, pour y faire l'acte de protêt, dont ils doivent lui laisser une copie.

Cette acte contient, 1°. une sommation qui est faite par le porteur de la lettre à celui sur qui elle est tirée, de payer ladite lettre (ou de l'accepter, si c'est seulement protêt faute d'acceptation.) 2°. Une mention de la réponse, ou du silence de celui à qui elle est faite, qu'on prend pour refus, & une protestation de la part du porteur de la lettre de se pourvoir en conséquence de ce refus contre qui il appartiendra pour ses dommages & intérêts, même de prendre à change & rechange la somme portée par la lettre.

La lettre de change avec les ordres doit être transcrite dans l'acte de protêt. *Art.* 9.

S'il y a des signatures en blanc au dos de la lettre, il en doit être fait mention.

Il est nécessaire que l'accepteur ait connoissance de toutes ces choses pour sçavoir quelle est la lettre dont on lui demande le paiement ; & à qui elle est payable.

L'acte doit aussi contenir le nom & le domicile des témoins (*art.* 8 ,) qui doivent signer avec l'Huissier ou le Notaire , l'acte de protêt. *Déclaration de 1664.*

On doit laisser à la Partie une copie de tout , signée de l'Huissier & des Recors. *Art.* 9.

Ces protêts , lorsqu'ils sont faits par des Notaires, sont sujets au contrôle des actes des Huissiers, comme lorsqu'ils sont faits par des Huissiers. *Déclaration du Roi du 3 Avril* 1712.

136. Le protêt doit être fait en cette forme , & ne peut être suppléé par aucun autre acte. *Ordonn. de* 1673 , *t.* 5 , *art.* 10.

C'est pourquoi si le porteur, au lieu de faire un protêt , avoit assigné l'accepteur, & obtenu contre lui Jugement de condamnation, cette procédure ne suppléeroit pas au protêt ; faute de l'avoir fait , il seroit déchu de ses actions de recours contre le tireur & les endosseurs, & il seroit censé s'être contenté de l'accepteur pour son débiteur. *Savary , Parer.* 97 , *q.* 3.

§. I I.

A qui le Protêt doit-il être fait ?

137. Quelquefois le tireur par la lettre de change indique, à défaut de paiement par celui sur qui elle est tirée, une autre per-

fonne du même lieu qui l'acquittera ; ce qui fe fait par ces termes qui fe mettent au bas de la lettre : *en cas de befoin , chez un tel* ; on demande fi en ce cas le porteur eft tenu de faire le protêt de la lettre, non-feulement à celui fur qui elle eft tirée , mais encore à la perfonne indiquée , ou du moins de conftater par quelque acte qu'il s'eft préfenté chez elle. Entre les Négocians que j'ai confultés, l'un d'eux n'a pas ofé décider ; l'autre m'a dit qu'il n'y étoit pas obligé , parce qu'aucune loi ne l'y obligeroit : mais il me femble que c'eft ce qui eft en queftion, fi l'Ordonnance n'y oblige pas le porteur; car ayant dit (art. 4,) indéterminément que le porteur doit protefter , fans dire à qui le protêt doit être fait , le fens eft , que c'eft à ceux par qui le tireur a déclaré que la lettre feroit payée ; ce qui comprend la perfonne indiquée en cas de befoin , auffi-bien que celle fur qui la lettre eft tirée. Si le tireur s'oblige à faire compter la fomme , le porteur s'oblige de fon côté de l'aller recevoir, puifque cette dette eft une dette requérable ; & il eft évident que le porteur ne remplit pas en entier fon obligation de requérir le paiement de la lettre, lorfque deux perfonnes lui ayant été indiquées pour recevoir le paiement, & le paiement lui ayant été refufé par l'une

de ces perfonnes, il ne s'eft pas préfenté
à l'autre. Par la nature de la lettre de change, le tireur ne s'oblige à la garantie de
la lettre qu'au cas où il ne dépendroit pas
du porteur de la recevoir : or on ne peut
pas dire qu'il n'a pas dépendu de lui, tant
qu'il ne s'eft pas préfenté à la perfonne
qui lui a été indiquée.

Lorfqu'après un protêt faute d'acceptation de la lettre, de la part de celui fur
qui la lettre eft tirée, un tiers eft intervenu
qui a accepté la lettre pour l'honneur du
tireur ou de quelque endoffeur, tous con-
viennent qu'à l'échéance du terme de grace, le protêt doit fe faire non feulement
à celui fur qui la lettre eft tirée, qui a
refufé de l'accepter, mais encore au tiers
qui l'a acceptée par honneur. On m'a al-
légué une mauvaife raifon de différence,
qui eft que celui qui a accepté par honneur s'eft rendu débiteur de la lettre ; au
lieu que celui qui a été indiqué pour en
recevoir de lui le paiement, n'en eft pas
débiteur. Cette raifon eft mauvaife ; car
lorfque je fais à quelqu'un un protêt de
ma lettre de change, ce n'eft qu'en fa feule
qualité de perfonne indiquée pour me la
payer, & non pas en la qualité de débiteur de la lettre que je lui fais ce protêt.
Celui fur qui la lettre eft tirée, lorfqu'il
ne l'a pas acceptée, n'eft pas envers moi

débiteur de la lettre de change, ce n'est que dans la seule qualité qu'il a de personne indiquée pour la payer, que mon protêt lui est fait.

§. III.

En quel cas & dans quel temps le Porteur peut-il & doit-il faire le Protêt de la Lettre de change.

138. Le protêt se fait, soit que celui sur qui la lettre est tirée refuse de l'accepter, soit qu'après l'avoir acceptée, il refuse à l'échéance de la payer.

Le protêt qui se fait faute d'acceptation, se fait avant l'échéance de la lettre ; celui sur qui elle est tirée, n'est pas à la vérité tenu de payer avant l'échéance, mais il est tenu d'accepter, s'il y a des fonds appartenants au tireur, ou s'il s'est engagé envers le tireur de l'accepter.

Le protêt faute de paiement se fait lorsque celui sur qui la lettre est tirée refuse de la payer à son échéance.

Le porteur doit en ce cas faire ce protêt, soit que la lettre ait été acceptée, soit qu'elle ne l'ait pas été, & quoiqu'il l'ait déja fait, faute d'acceptation.

139. Sur le temps auquel ce protêt doit être fait, il faut distinguer les différentes especes de lettres de change.

Lorfque la lettre a une échéance, comme lorfqu'il eſt dit : *Vous payerez le* 10 *Octobre prochain*, ou bien, *à une uſance*, *à deux uſances, &c.* ou bien lorſqu'il eſt dit, *à tant de jours de vue*, en ces cas l'Ordonnance de 1673, tit. 5, art. 4, dit, *que les porteurs de lettres feront tenus de les proteſter dans dix jours après celui de l'échéance.*

Il réſulte de ces termes, *après celui de l'échéance*, que le jour de l'échéance de la lettre n'eſt pas compté dans ces dix jours : l'art. 6 néanmoins ſembloit dire qu'il y étoit compris ; mais la Déclaration du Roi du 10 Mai 1686, a levé cette contradiction, en déclarant expreſſément qu'il n'y étoit pas compris, & en dérogeant à cet égard, en tant que beſoin feroit, à l'art. 6 de l'Ordonnance.

Au reſte, ce temps de dix jours eſt continu, & les jours de Dimanches & de Fêtes qui s'y rencontrent y font compris. *Art.* 6.

140. Selon le ſens obvie des termes de l'art. 4, ci-deſſus cité, il ſembleroit que l'Ordonnance laiſſeroit au choix du porteur de faire le protêt quel jour il voudroit dans ce temps de dix jours, même dès le premier jour qui eſt le lendemain de l'échéance de la lettre ; mais l'uſage qui eſt confirmé par la Déclaration du Roi du 28

Novembre 1713, est qu'il ne se peut faire valablement que le dernier des dix jours. Par exemple, si une lettre à six jours de vue a été présentée le premier Octobre, le terme de la lettre n'échéant par conséquent que le 7, & les dix jours ne commençant à courir que du 8, le protêt devra se faire le 17, ni plutôt ni plus-tard.

Lorsque le dixieme jour se trouve être un jour de Dimanche ou de Fête, même solemnelle, fût-ce le jour de Pâques, on peut faire le protêt ce jour, nonobstant la révérence du jour : on permet aussi en ce cas de le faire la veille ; & si la réponse au protêt porte un refus absolu de payer, ou si celui à qui la lettre est protestée n'est pas trouvé chez lui, le porteur n'est pas obligé de retourner chez lui ; mais s'il répond qu'il payera le lendemain, ou même s'il répond qu'il attend nouvelle pour se décider, le porteur doit y retourner le lendemain, jour de l'échéance ; & s'il paye, le protêt qui lui a été fait la veille de l'échéance sera aux frais du porteur ; car il doit jouir du temps entier des dix jours, & il n'est pas en retard lorsqu'il paye le jour de l'échéance. Lorsque le porteur, sur la réponse faite au protêt de la veille, est retourné le lendemain jour de l'échéance, sans avoir été payé, il est d'usage qu'il fasse ce jour un second protêt pour conftater qu'il eft retourné, & le refus de payer.

Cette réitération de protêt eft-elle ab-folument néceffaire, & le défaut de cette réitération fait-elle déchoir le porteur de fon recours de garantie contre le tireur & les endoffeurs? Un Négociant m'a dit qu'on avoit jugé au Confulat d'Orléans pour la négative ; qu'il fuffifoit en ce cas au por-teur d'attendre chez lui pendant tout le jour de la Fête, qu'on vienne lui payer la lettre, & de ne la renvoyer que le lende-main ; & qu'en ce cas celui à qui le protêt avoit été fait, pour empêcher les frais aux-quels le renvoi de la lettre donneroit lieu, devoit aller le jour de la Fête trouver le porteur au domicile exprimé par le protêt, & lui payer la lettre, ou conftater par une fommation qu'il y eft allé. Je trouve beau-coup de difficulté dans cette décifion : la dette d'une lettre de change eft une dette requérable ; celui fur qui elle eft tirée a le droit de jouir du temps entier des délais de dix jours ; il n'eft obligé de la payer qu'au jour auquel expire le délai, & il n'eft pas obligé de la payer ailleurs que chez lui. Il ne peut donc être obligé d'aller trouver le porteur le jour de la Fête ; c'eft au con-traire le porteur qui eft tenu d'y retour-ner ; & faute d'y être retourné & d'avoir fait conftater par une réitération de protêt, qu'il y eſt retourné, il ne peut pas établir qu'il n'a pas dépendu de lui de recevoir la lettre, ni par conſéquent établir ſon recours en garantie.

Suivant les Loix de pluſieurs Etats d'Allemagne, même Proteſtants, lorſque le jour auquel doit être fait le protêt ſe trouve être un jour de Dimanche, on ne peut le faire que le lendemain. *Heinec. Elem. Jur. Camb. cap.* 4, 37 *&* 41.

Cet uſage qu'on ne puiſſe faire le protêt que le dernier des dix jours, a été favorablement établi en faveur du tireur & de l'accepteur; afin que le tireur, en faiſant remettre des fonds, & l'accepteur en trouvant de l'argent pendant ce temps puiſſent éviter le protêt; c'eſt pourquoi ce terme de dix jours eſt appellé un terme de faveur & de grace.

141. Quoique la lettre n'ait été endoſſée au porteur que depuis ſon échéance, dans le temps des dix jours de grace, le jour auquel ſe doit faire le protêt n'eſt pas pour cela prorogé.

Que ſi elle ne lui a été endoſſée qu'après l'expiration des dix jours de grace, il eſt évident que l'endoſſeur ne peut en ce cas lui oppoſer le défaut de protêt dans le temps de l'Ordonnance, puiſqu'il ne lui a pas été poſſible de le faire dans ledit temps, l'endoſſement ne lui ayant été fait qu'après l'expiration de ce temps.

Mais le tireur & les endosseurs précédents peuvent opposer le défaut de protêt fait dans le temps auquel il devoit être fait ; n'ayant pas été au pouvoir de celui qui a depuis endossé la lettre, de les priver par cet endossement de cette exception qui leur étoit acquise.

Reste la question de sçavoir, quand ce propriétaire de la lettre à qui elle n'a été endossée que depuis le jour auquel devoit se faire le protêt, est obligé vis-à-vis son endosseur de le faire ? Il semble qu'il est dans le même cas que le porteur d'une lettre à vue qui n'a aucune échéance, qui n'est adstreint à aucun jour pour la présenter & protester, & qui peut le faire quel jour il voudra dans les cinq ans, comme nous le verrons *infrà n.* 143 , car il semble que c'est la même chose qu'une lettre ne contienne aucune échéance, ou qu'elle en contienne une qui étoit passée, lorsqu'elle a été endossée. Néanmoins un Négociant expérimenté m'a assuré qu'on en faisoit différence dans l'usage du commerce : que le porteur d'une lettre à vue est le maître de la présenter quand il veut dans les cinq ans ; mais que le porteur d'une lettre endossée après l'expiration du temps du protêt, étoit tenu de la présenter & protester dans le temps auquel il a pu le faire, qui doit être déterminé *arbitrio Judicis*, eu égard à la distance des lieux.

142. La disposition de l'Ordonnance qui accorde le temps de dix jours pour le paiement des lettres qui ont une échéance certaine, n'a pas été exécutée pour les lettres payables à Lyon ; le protêt en doit être fait le lendemain de l'échéance de la lettre. Cet usage est confirmé par un arrêt de réglement.

A l'égard des lettres qui sont payables aux Foires ou paiemens de Lyon, suivant le Réglement de 1667, *art.* 1, les acceptations des lettres se font dans le lieu d'assemblée des Marchands, depuis le premier jour non férié du mois de paiement, jusqu'au sixieme inclusivement, après lequel & icelui passé, les porteurs peuvent tout le reste du courant du mois faire protester faute d'acceptation ; & suivant l'art. 9, les lettres acceptées qui n'auront pas été payées dans le courant du mois, seront protestées dans les trois jours suivans non fériés depuis l'expiration du mois.

Les lettres payables dans les autres Foires, doivent être protestées le dernier jour de la Foire, sans aucun jour de grace. Celui sur qui elle est tirée ne devant pas attendre inutilement, après le temps de la Foire passée, qu'on lui présente la lettre ;

c'eſt ce qui m'a été atteſté par un Négociant très-expérimenté.

143. A l'égard des lettres payables à
vue, il n'y a aucune loi qui regle le temps
dans lequel le porteur eſt tenu de les préſenter & proteſter faute de paiement. Il
paroîtroit équitable qu'il dût le faire dans
un temps qui ſeroit laiſſé à l'arbitrage du
Juge, & qu'il ne devroit pas, en tardant
un trop long-temps, faire courir au tireur
les riſques de l'inſolvabilité qui peut ſur-
venir dans celui ſur qui la lettre eſt tirée.

Savary *tom.* 2, *part.* 17, penſe que le
délai dans lequel une lettre à vue doit être
préſentée & proteſtée doit ſe régler, eu
égard à la diſtance du lieu d'où la lettre eſt
tirée, à celui où elle eſt payable, à raiſon
de quinze jours pour les dix premieres
lieues & d'un jour pour cinq lieues au-
delà, par argument de ce qui eſt réglé
pour les délais d'appeller en garantie,
par l'Ordonnance de 1673, *tit.* 5, *art.* 13.

Néanmoins pluſieurs Négocians très-
éclairés & très-expérimentés m'ont aſſuré
que, ſuivant le ſentiment commun, le
protêt de ces lettres étoit valable, pourvu qu'il fût fait dans les cinq ans, après
lequel la lettre eſt préſumée acquittée,
comme nous le verrons ci-après.

144. Si par quelque force majeure &
imprévue, le protêt n'avoit pu ſe faire

le jour auquel il doit être fait, le défaut
de protêt dans ledit jour ne feroit pas
décheoir le propriétaire de la lettre de
ſes actions en garantie ; car on ne peut
jamais être obligé à l'impoſſible, *impoſſi-*
bilium nulla obligatio eſt. L. 185, *ff. de R. J.*
Il n'eſt néanmoins relevé de ce défaut,
qu'à la charge que le protêt ſoit fait depuis, dans un temps dans lequel le Juge
eſtimera qu'il a pu depuis être fait, lequel temps doit être laiſſé à l'arbitrage
du Juge.

Par exemple, ſi, demeurant à Orléans,
& ayant une lettre de change à recevoir
à Marſeille à un certain jour, j'en ai paſſé
l'ordre à mon correſpondant de Marſeille,
& je la lui ai envoyée pour la recevoir
pour moi ; ce correſpondant, porteur de
ma lettre, eſt mort ſubitement la veille
ou le jour qu'il devroit aller recevoir ou
proteſter ma lettre ; le défaut de protêt
fait dans ce jour ne me fera pas décheoir de mes actions, pourvu que je le
faſſe faire depuis dans un temps qui ſera
jugé ſuffiſant, pour que j'aie pu être
inſtruit de l'accident, & donner des ordres pour les faire faire.

Par la même raiſon, ſi le porteur de ma
lettre a été empêché de faire le protêt au
jour auquel il devoit être fait, par une
maladie aiguë qui ne lui laiſſoit pas la li-
berté

berté d'esprit, pour donner les ordres de le faire faire, je serai excusé du défaut de protêt jusqu'à ce qu'il ait pu depuis être fait ; mais si, étant peu après devenu en convalescence, il a négligé de le faire faire, je serai déchu de mes actions en garantie ; car je suis tenu de la négligence du porteur mon mandataire.

145. On a demandé si le propriétaire de la lettre de change étoit dispensé du protêt, lorsque la lettre est égarée ? La raison de douter est que suivant ce que nous avons vu au paragraphe précédent, la lettre dóit être en entier transcrite dans l'acte de protêt, ce qui ne se peut faire lorsqu'elle est égarée ; or, dit-on, à l'impossible nul n'est tenu. La raison de décider au contraire est que l'impossibilité où est le porteur qui n'a pas entre ses mains la lettre de change, de la transcrire dans l'acte du protêt, peut bien le dispenser de la formalité de la transcription dans l'acte de protêt ; mais elle ne doit pas le dispenser en entier de l'obligation de faire le protêt, à laquelle il doit satisfaire autant qu'il est en lui.

146. On demande encore si le porteur est dispensé du protêt, lorsque celui sur qui la lettre est tirée, est mort, & que sa veuve & ses héritiers présomptifs alleguent qu'ils sont dans leur délais pour

prendre qualité? Il faut décider qu'il n'est pas pour cela dispensé du protêt, & cette réponse de la veuve & des héritiers insérée dans l'acte de protêt, tient lieu de refus, & donne droit au porteur d'agir en recours contre le tireur ou les endosseurs; il peut même, en vertu d'une permission du Juge, saisir & arrêter les effets de la succession de l'accepteur ; cette exception pouvant seulement arrêter la demande contre la veuve & ses héritiers.

Que si le défunt n'avoit laissé sur le lieu ni veuve, ni héritiers présomptifs, je crois que même en ce cas, le porteur ne seroit pas dispensé du protêt, & qu'il pourroit le faire à la maison du défunt.

147. On a demandé encore, si la faillite de celui sur qui la lettre est tirée, ayant été ouverte, & étant devenue publique avant l'échéance de la lettre, le porteur est chargé de la faire protester? La raison de douter est que le tireur & les donneurs d'ordres sont suffisamment avertis par la publicité de la faillite, que la lettre ne sera pas payée par celui sur qui elle est tirée; qu'en conséquence le protêt devient superflu, cet acte n'étant établi que pour leur donner la connoissance du refus de payement. Nonobstant cette raison, Savary, *parer.* 45, décide que le

propriétaire de la lettre n'est pas dispensé en ce cas du protêt, & de la dénonciation du protêt, à peine de déchéance de ses actions de garantie. La raison est que les formalités établies par les loix pour donner à quelqu'un connoissance de quelque fait, ne suppléent point, & ne s'accomplissent pas par équipollence : par exemple, quoique la formalité de l'insinuation des donations soit établie pour en donner connoissance à ceux qui ont intérêt de la connoître, néanmoins le donataire n'en est pas dispensé, même vis-à-vis de ceux qu'on justifieroit avoir eu connoissance de la donation : par la même raison, le propriétaire de la lettre n'est pas dispensé du protêt & de la dénonciation du protêt vis-à-vis du tireur & des donneurs d'ordre, quoique la publicité de la faillite de celui sur qui la lettre étoit tirée, paroisse leur avoir donné connoissance du défaut de payement de la lettre : il n'est pas même impossible qu'ils ayent ignoré la faillite, quelque publique qu'elle ait été ; d'ailleurs ne voyant pas de protêt, ils ont pu s'imaginer que le propriétaire de la lettre avoit eu quelque moyen de la faire acquitter.

§. IV.

De la dénonciation des Protêts & des poursuites en garantie.

148. Il ne suffit pas d'avoir fait le protêt, il faut poursuivre en conséquence le tireur & les endosseurs : c'est ce qui est porté par l'Ordonnance de 1673, *Tit.* 5, *art.* 13, qui dit : » Ceux qui auront tiré » ou endossé les lettres *seront poursuivis* » *en garantie.* «

Quoique ces termes paroissent signifier une poursuite judiciaire, néanmoins j'ai oui dire à des Négocians, qu'il étoit d'usage entr'eux de renvoyer dans les délais de l'Ordonnance, dans une lettre missive, la lettre de change, avec l'acte de protêt, à celui qui l'a fournie, lequel ne manque pas d'en accuser la réception, & de la passer en compte à celui à qui il l'a fournie.

S'il étoit assez mal honnête-homme pour dire que la lettre ne lui a pas été renvoyée, ou qu'elle ne l'a été qu'après les délais de l'Ordonnances expirés, j'ai oui dire à des Juges-Consuls qu'ils étoient dans l'usage en ce cas d'admettre la preuve du renvoi de la lettre par les livres de la Partie qui a renvoyé la lettre.

Ce qui me paroît souffrir beaucoup de difficulté ; car il peut fort bien arriver que le porteur de la lettre, à qui je l'ai endossée, ait écrit sur son livre qu'il m'a renvoyé un tel jour la lettre de change, parce qu'il comptoit effectivement me la renvoyer, & que néanmoins par oubli il ne me l'ait pas renvoyée : est-il juste que n'ayant pas reçu la lettre, & n'ayant pu par conséquent faire de mon côté mes diligences contre le tireur ou le précédent endosseur, je souffre de la négligence du porteur de la lettre à laquelle je n'ai pu parer ? Au lieu que dans le cas auquel ce seroit moi qui nierois contre la vérité avoir reçu la lettre, le porteur doit s'imputer d'avoir suivi ma foi en me renvoyant la lettre & le protêt dans une missive, au lieu de me le dénoncer judiciairement.

Au reste, le propriétaire de la lettre de change est censé avoir satisfait à l'Ordonnance, lorsque celui qui la lui a fournie convient que la lettre lui a été renvoyée avec l'acte de protêt dans le délai de l'Ordonnance, de même que s'il lui avoit fait faire un acte de dénonciation du protêt par un Huissier.

149. Cet acte de dénonciation de protêt est un commencement de poursuite en garantie ; il suffit pour satisfaire à l'article

de l'Ordonnance ci-deſſus cité, qui pòrte que dans le délai par elle réglé, *ceux qui auront tiré & endoſſé les lettres ſeront pourſuivis en garantie* : il n'eſt pas néceſſaire qu'il ſoit accompagné d'aſſignation. Le propriétaire de la lettre, après avoir fait faire cet acte de dénonciation, a tout le tems de cinq ans pour former enſuite ſa demande quand bon lui ſemblera ; c'eſt l'avis de Savary, *Tom.* 2 , *parer.* 8.

150. *Vice verſâ*, (ſi le propriétaire de la lettre', après l'avoir fait proteſter, avoir aſſigné dans le délai de l'Ordonnance le tireur ou les endoſſeurs pour être condamnés à payer la lettre que celui ſur qui elle eſt tirée a refuſé de payer, quoiqu'il eût omis de leur donner en tête de l'exploit d'aſſignation, copie de l'acte de proteſt, ce propriétaire ſera cenſé avoir ſatisfait à l'Ordonnance ; car elle n'a dit autre choſe, ſinon que le tireur & les endoſſeurs *ſeront pourſuivis en garantie* ; elle ne dit point qu'on leur donnera copie du proteſt : il eſt vrai que le proteſt étant le fondement de la demande du propriétaire de la lettre contr'eux, il doit leur en donner copie ; mais c'eſt un principe conſtant que le défaut d'avoir donné par l'exploit de demande, copie des pieces qui ſervent de fondement à la demande, n'emporte pas la nullité de la demande, & que la

peine est seulement que les copies qui en seront données dans le cours de l'instance n'entreront pas en taxe, & que les réponses qui y seront faites seront aux dépens du demandeur. *Ordonnance de 1667, Tit.* 2, *art.* 6.

151. Lorsqu'on en vient à l'assignation, elle doit être faite à la requête du propriétaire de la lettre de change ; elle ne seroit pas valablement faite à la requête du porteur de la lettre, mandataire de ce propriétaire, quoiqu'il puisse faire le protêt pour le propriétaire de la lettre ; la raison est, que selon nos usages, il n'y a que le Roi qui ait le droit de plaider par Procureur.

152. Le tems dans lequel l'Ordonnance de 1673 veut qu'on agisse en garantie est à l'égard des personnes domiciliées dans le Royaume, de quinzaine, lorsqu'elles sont domiciliées dans les dix-lieues de l'endroit où la lettre étoit payable ; & lorsque leur domicile en est plus éloigné, on ajoute au délai de quinzaine, un jour par cinq lieues au-delà des dix lieues pour lesquelles le délai de quinzaine est donné. *Art.* 15.

Les délais à l'égard des personnes domiciliées en Angleterre, Flandre ou Hollande, sont de deux mois ; de trois pour l'Italie, l'Allemagne & la Suisse ; de quatre pour l'Espagne, & de six pour le

Portugal, la Suede & le Dannemarck. *art.* 13. Ce délai eſt compté *du lendemain du protêt juſqu'au jour de l'action en garantie incluſivement.*

Par exemple, ſi le protêt a été fait le premier Mai, le tireur domicilié dans les dix lieues doit être pourſuivi au plus-tard le 16 ; car le 16 eſt préciſément le dernier jour de la quinzaine, qu'on commence à compter du 2, lendemain du protêt, & cette action doit néceſſairement être intentée un des jours du délai, ſuivant qu'il réſulte de ces termes : *juſqu'au jour de l'action incluſivement.*

Les jours de Dimanches & de Fêtes ſont compris dans ces délais. *art.* 14.

153. Ce n'eſt pas ſeulement le propriétaire de la lettre qui eſt obligé de dénoncer le protêt, & agir en garantie dans le temps réglé par l'Ordonnance ; le dernier endoſſeur ſommé en garantie par le propriétaire, eſt auſſi obligé lui-même d'exercer ſon action en garantie contre le tireur ou précédent endoſſeur dans un pareil délai, lequel doit courir du lendemain du jour qu'il a été aſſigné en garantie, & réglé ſuivant la diſtance du domicile de cet endoſſeur demandeur en garantie & de l'aſſigné en garantie, & ſucceſſivement chaque endoſſeur juſqu'au premier eſt obligé d'agir en garantie dans le délai ainſi réglé.

Comme il pourroit arriver que le dernier endosseur, poursuivi en garantie par le propriétaire de la lettre, omît de dénoncer les poursuites faites contre lui à l'endosseur précédent, & que les endosseurs précédens & le tireur, auxquels on n'auroit pas fait de dénonciation, fussent déchargés de la garantie dont ils sont tenus ; le propriétaire de la lettre pour conserver l'action de garantie qu'il a contr'eux, comme exerçant les droits du dernier endosseur qui lui a fourni la lettre, peut les poursuivre en garantie dans les délais de l'Ordonnance.

154. Il nous reste à observer que la disposition de l'Ordonnance de 1673, pour les délais d'agir en garantie, souffre exception par rapport aux lettres payables aux paiemens de Lyon, à l'égard desquelles il suffit de dénoncer le protêt, & d'agir en garantie dans les deux mois, lorsque les lettres sont tirées au dedans du Royaume. C'est la disposition de l'art. 9 du Réglement de 1664, qui regle aussi différemment les délais pour celles tirées des pays étrangers, auquel le Roi déclare par son Ordonnance de 1673. T. 5, art. 7, qu'il n'entend point innover.

§. V.

Suivant quelle Loi doit se régler la forme des Protêts, le tems de les faire & de les dénoncer.

155. On doit suivre pour toutes ces choses la loi du lieu où la lettre est payable.

Cela ne peut être douteux à l'égard de la forme du protêt ; car c'est une regle générale qu'en fait de formalités d'actes on suit la loi & le style du lieu où l'acte se passe ; par conséquent le protêt devant se faire au lieu où la lettre est payable, il doit se faire conformément aux loix & au style de ce lieu.

On doit décider la même chose à l'égard du tems dans lequel le protêt doit être fait ou dénoncé ; car la lettre de change est censée contractée au lieu où elle est payable, suivant cette regle de droit, *contraxisse unusquisque in eo loco intelligitur in quo ut solveret se obligavit*, L. 21, ff. de obl. & act. Par conséquent les obligations s'en doivent régler suivant les loix & usages dudit lieu, auxquels les contractans doivent être censés s'être soumis, suivant cette autre regle, *in contractibus veniunt ea quæ sunt moris & consuetudinis in regione in qua contrahitur.*

§. V I.

De la peine du défaut de protêt, ou de dénonciation de Protêt.

156. La peine du propriétaire de la lettre de change, lorsque lui ou le porteur son mandataire a manqué d'en faire le protêt dans le tems réglé par la loi, ou lorsqu'après l'avoir fait, il a manqué d'agir en garantie contre le tireur & les endosseurs dans le tems fixé par l'Ordonnance, est de porter lui-même l'insolvabilité de la personne sur qui la lettre est tirée, & en conséquence d'être dechu de l'action qu'il a contre le tireur & les endosseurs, pour la répétition de la somme, qu'il a donnée pour la lettre de change. Ordonnance de 1673, *Tit.* 5, *art.* 15.

Cette peine est une suite de l'obligation que contracte le porteur à qui la lettre est fournie envers le tireur qui la lui fournit, de présenter la lettre à l'échéance à celui sur qui elle est tirée, & d'avertir le tireur du refus qu'on fait de la payer, afin que le tireur puisse prendre ses mesures pour la faire acquitter. Le porteur qui manque à cette obligation, est tenu des dommages & intérêts qu'en souffre le tireur : ces dommages & intérêts confiſtent en ce que le tireur ſouffre de l'inſolvabilité de celui ſur qui la lettre eſt tirée, par rapport aux fonds qu'il lui avoit remis pour l'acquittement de la lettre de change qu'il auroit peut-être pu retirer, s'il eût été averti. La réparation de ces dommages & intérêts conſiſte à faire porter au propriétaire de la lettre cette inſolvabilité à la place du tireur, en lui déniant tout recours contre le tireur pour la valeur de la lettre, ſauf à s'en faire payer comme il pourra par celui ſur lequel la lettre eſt tirée, contre lequel il lexercera les droits du tireur.

157. Pour que cette peine ait lieu, & pour que le tireur & les endoſſeurs ſoient admis dans la fin de non-recevoir contre la demande du propriétaire de la lettre réſultante du défaut de protêt ou de pourſuites dans le temps de l'Ordonnance, il faut qu'ils juſtifient dans le temps qui leur ſera fixé par le Juge, que celui ſur qui la lettre étoit tirée, avoit proviſion au temps auquel la lettre a dû être proteſtée, ou leur étoit alors redevable du montant de la lettre : c'eſt ce qui eſt décidé par l'Ordonnance de 1673. T. 5, art. 16, qui porte : » Les tireurs & endoſſeurs des » lettres ſeront tenus de prouver que ceux » ſur qui elles étoient tirées leur étoient » redevables, ou avoient proviſion au

» temps qu'elles ont dû être protestées ;
» sinon ils seront tenus de les garantir. «

La raison est que le tireur qui n'a point remis de fonds, & n'est point créancier de celui sur qui la lettre est tirée, ne pouvant rien souffrir de son insolvabilité, ni par conséquent du défaut de protêt, ou de dénonciation de protêt, il ne peut pas se plaindre de ce défaut ; ni, sous prétexte de ce défaut dont il n'a rien souffert vis-à-vis de celui sur qui la lettre est tirée, se dispenser de rendre la valeur de sa lettre qui n'a point été acquittée.

Cette décision a lieu, soit que celui sur qui la lettre est tirée, l'ait acceptée ou non ; car par son acceptation, il se rend bien débiteur envers ceux à qui la lettre est payable, mais non envers le tireur qui ne lui en a pas remis les fonds.

158. Lorsque la lettre n'a pas été acceptée ; les endosseurs, pour pouvoir tirer une fin de non recevoir du défaut de protêt, ou de dénonciation de protêt contre l'action de garantie du propriétaire de la lettre, sont pareillement, aux termes de l'article de l'Ordonnance ci-dessus cité, tenus de justifier qu'au temps auquel la lettre a dû être protestée, celui sur qui elle étoit tirée avoit des fonds qui lui avoient été remis, soit par le tireur, soit par eux, ou qu'il leur étoit redevable ;

faute de pouvoir justifier cela, les endosseurs qui n'auroient pu en ce cas avoir
d'action contre celui sur qui la lettre est
tirée, pour l'obliger à acquitter la dette, ne
peuvent rien souffrir de son insolvabilité ;
& par conséquent ils ne peuvent alléguer
que le défaut de protêt, ou de dénonciation de protêt, leur ait fait aucun préjudice. Ils font de même que ceux qui
transportent une créance, obligés de garantir le cessionnaire, *debitum subesse*.

Je pense qu'il en seroit autrement si la
lettre avoit été acceptée ; car celui sur
qui elle est tirée, s'en étant rendu, par
son acceptation, débiteur envers tous ceux
à qui elle est payable ; quoique le tireur
ne lui eût pas remis de fonds, il ne laissoit
pas d'être redevable de cette lettre envers les endosseurs à qui elle a été payable;
lesquels ont par conséquent action contre
lui pour la faire acquitter, & avoient
conséquemment intérêt que le refus de
payement leur fût dénoncé, pour pouvoir
prendre contre lui leurs mesures.

ARTICLE II.

De l'exercice des actions auxquelles le défaut
de payement de la lettre donne ouverture.

159. Nous avons vu au Chapitre précédent, quelles étoient les différentes

actions que le propriétaire de la lettre de change pouvoit exercer, en cas de refus de payement : il a de son chef l'action qui naît du contrat de change contre celui qui la lui a fournie, dont nous avons parlé *supra*, N. 62, *& suiv.* Il a action contre l'accepteur dont il a été parlé, *N.* 117. Lorsque la lettre contient un ou plusieurs endossemens, il a, comme céssionnaire des droits & actions de celui qui lui a fourni la lettre, action contre chacun des précédens endosseurs, & contre le tireur.

Le propriétaire de la lettre peut exercer l'action qu'il a contre l'accepteur, quand même il auroit omis de protester la lettre ; mais ordinairement il n'est reçu à exercer celle qu'il a contre les endosseurs & le tireur, que quand il a fait le protêt & les diligences, dont il a été parlé dans les paragraphes précédens.

Nous avons vu au Chapitre précédent, *art.* 1, *n.* 63 *& 64, & art.* 6, *n.* 117, ce que le propriétaire de la lettre de change a droit de demander par ces différentes actions : nous y renvoyons.

160. Le propriétaire de la lettre de change peut, si bon lui semble, intenter en même tems toutes ses actions contre les différens débiteurs qui en sont tenus ; l'action qu'il a intentée contre l'un d'eux,

ne l'exclut pas d'intenter celles qu'il a contre les autres ; mais comme ces différens débiteurs font débiteurs envers lui de la même chofe, le paiement qui lui eft fait par l'un d'eux, libere d'autant envers lui les autres.

Delà il fuit que fi tous ceux qui font débiteurs de la lettre de change, tant l'accepteur que le tireur & les endoffeurs, avoient fait banqueroute, le propriétaire de la lettre qui eft créancier de chacun d'eux du total, peut fe faire colloquer dans la diftribution des biens de chacun d'eux, comme créancier du total ; mais auffi-tôt que, par la diftribution qui aura été la premiere terminée, il aura été payé d'une partie de fa créance, *puta*, du quart, il ne pourra plus refter dans les diftributions des autres débiteurs qui reftent à faire, que pour le furplus de ce qui lui eft dû.

161. Le refus de paiement de la lettre de change donne auffi ouverture à l'action que le tireur, qui a remis les fonds à l'accepteur, a contre l'accepteur pour qu'il le garantiffe de l'action du propriétaire de la lettre, & *vice verfâ* lorfque les fonds n'ont pas été remis à l'accepteur, à l'action que l'accepteur a contre le tireur, pour qu'il lui remette les fonds, & qu'il le garantiffe de l'action du propriétaire de la lettre.

Le refus de paiement de la lettre donne pareillement lieu à l'action de garantie, que chacun des endosseurs a contre tous les endosseurs précédens & contre le tireur ; chacun de ceux qui ont ces actions de garantie, peut se faire colloquer dans la distribution des biens de ses garants pour sa créance de garantie, tant pour ce qu'il a payé au propriétaire de la lettre de change, à l'effet d'en être remboursé par ses garants, que pour ce qui est encore dû, à l'effet que ses garants l'en fassent décharger, en rapportant quittance ou décharge du propriétaire [de la lettre. Par exemple, le dernier endosseur qui a fourni la lettre de change au propriétaire ayant pour garants les précédens endosseurs & le tireur, ce dernier endosseur, ou les syndics de ses créanciers pour lui, peuvent exercer de cette maniere contre eux l'action de garantie, & se faire colloquer de cette maniere dans les actes de distribution des biens des précédens endosseurs & au tireur.

162. La créance de ce dernier endosseur pour son recours de garantie, & celle du propriétaire de la lettre de change, étant des créances de la même chose, les collocations de l'une & de l'autre doivent être, dans l'acte de distribution, réunies comme n'en faisant qu'une : ce qui revien-

dra par la diſtribution au marc la livre ;
pour leſdites collocations réunies, ſera
touché par le propriétaire de la lettre
de change, & le payement qui lui en ſera
fait, ſera cenſé fait en même tems à ce
dernier endoſſeur ; en ce que ce payement
diminuant & acquittant d'autant la dette
de cet endoſſeur, elle diminue auſſi d'autant la créance de garantie qu'il avoit.

Pour plus grand éclairciſſement ; ſup-
poſons que le propriétaire de la lettre de
change eſt créancier d'une ſomme de
mille livres en principal, intérêts & frais ;
il s'eſt fait colloquer dans la diſtribution
des biens du tireur pour cette ſomme de
mille livres ; les endoſſeurs qui ſont conjointement & ſolidairement débiteurs de
cette ſomme envers le propriétaire de la
lettre, & qui ont pour garant le tireur
par qui ils en doivent être acquittés, ſe
ſont pareillement fait colloquer dans la
diſtribution des biens du tireur, pour cette
créance de garantie de cette ſomme de
mille livres : toutes ces collocations ſont
regardées comme ne faiſant qu'une ; & ſi
par la diſtribution il revient vingt-cinq
pour cent à chacun des créanciers du tireur, le propriétaire de la lettre & les
endoſſeurs recevront pour leurs collocations réunies, une ſomme de deux cent
cinquante liv. qui ſera touchée par le pro-

priétaire de la lettre, & ce payement fait au propriétaire de la lettre, fera cenfé fait en même tems aux endofleurs, parce qu'en acquittant de deux cent cinquante liv. la créance du propriétaire de la lettre, & la réduifant à fept cent cinquante liv. il acquitte d'autant les créances de garantie que les endofleurs avoient contre le tireur, & les réduit pareillement à fept cent cinquante liv.

Il réfulte de ceci qu'un débiteur de la lettre qui n'en a rien payé, n'a intérêt d'intervenir à la diftribution des biens de ceux qui font fes garants, que dans le cas auquel le propriétaire & créancier de la lettre auroit omis d'y intervenir : par exemple, dans l'efpece précédente, lorfque le propriétaire de la lettre eft intervenu dans la diftribution des biens du tireur, les endofleurs qui n'ont rien payé de cette lettre dont ils font débiteurs conjointement avec le tireur; n'ont pas befoin d'y intervenir pour la garantie qu'ils ont contre ce tireur; car ce que le propriétaire de la lettre touchera de ladite diftribution, leur profitera de même que s'ils y étoient intervenus.

Mais fi l'un de ces endofleurs ayant été d'abord pourfuivi par le propriétaire de la lettre, en avoit payé une partie, le propriétaire de la lettre ne pouvant plus

en ce cas se faire colloquer dans la distribution des biens du tireur, que comme
créancier de ce qui lui en reste dû, l'endosseur qui en a payé une partie, a intérêt
de se faire colloquer dans la distribution
des biens du tireur, comme créancier de
ce qu'il en a payé, à l'effet de s'en faire
rembourser.

163. Sur la question, si la remise que
le propriétaire & créancier de la lettre
de change, fait à l'un des débiteurs, libere
les autres; *voyez* le Chapitre suivant,
art. 2.

CHAPITRE IV.

*Des différentes manieres dont s'éteignent les
créances de la Lettre de Change, & des
prescriptions qu'on peut lui opposer.*

LA principale maniere dont s'éteignent
les créances de la lettre de change est
le paiement qui en est fait; nous en
traiterons dans un premier article : elles
s'éteignent aussi par la remise qui est
faite au débiteur; nous en traiterons dans
un second article : enfin elles s'éteignent
par les autres manieres par lesquelles
s'éteignent toutes les autres créances.
Telles sont la compensation, la novation,

la confusion ; nous en traiterons dans un troisieme article ; nous traiterons dans un quatrieme, des prescriptions qui leur peuvent être opposées.

ARTICLE PREMIER.

Du paiement de la Lettre de Change.

Nous verrons , 1°. à qui le paiement de la lettre de change doit être fait ; 2°. par qui il peut être fait; 3°, quand & en quelles especes.

§. I.

A qui le paiement de la Lettre de Change doit-il être fait.

164. Réguliérement le paiement de la lettre de change , de même que celui de toutes les autres créances , suivant les principes établis en notre Traité des Obligations , *part.* 3 , *chap* 1 , *art.* 2 , doit, pour être valable, être fait au véritable créancier , c'est-à-dire , à celui qui est le propriétaire de la lettre de change , ou à celui qui a la qualité ou pouvoir de recevoir pour lui.

De-là il suit que le paiement fait à celui à qui , par le texte même de la lettre de change, la lettre eft payable, n'eft pas néanmoins valable, s'il a ceffé d'être le propriétaire de la lettre de change par un endoffement qu'il a paffé au profit d'une autre perfonne ; le payement en ce cas ne peut fe faire valablement qu'à celui qui au tems du paiement fe trouve être le propriétaire de la lettre, & le véritable créancier par l'endoffement qui en a été paffé à fon profit, ou à celui qui a pouvoir de lui.

165. Obfervez une différence entre cet endoffement & le tranfport qui feroit fait de la lettre de change par un acte féparé ; ce qui fe pratique lorfque la lettre de change n'eft pas *à ordre*. Ce tranfport fait par un acte féparé, de même que les tranfports de toutes les autres créances, fuivant les principes établis en notre Traité du Contrat de Vente, *N.* 554, ne faifit de la propriété de la lettre de change le ceffionnaire, que du jour qu'il a fignifié à l'accepteur fur qui la lettre eft tirée, qui eft le débiteur de la lettre : en conféquence fuivant les principes établis en notre Traité du Contrat de Vente, *N.* 555, le paiement de la lettre de change qui feroit fait au cédant depuis ce tranfport fait par acte féparé, mais avant la fignification, feroit un paiement valable qui opéreroit la libération tant de l'accepteur que du tireur.

Au contraire l'endoſſement ſaiſit de plein droit de la lettre de change & de tous les droits de l'endoſſeur, celui au profit de qui l'endoſſeur a paſſé ſon ordre, & dès-lors le payement de la lettre ne peut plus être fait à l'endoſſeur.

On entend aſſez que nous n'avons parlé juſqu'à préſent que de l'eſpece d'endoſſement qui renferme une ceſſion & tranſport de la lettre de change; l'endoſ-ſeur dans l'autre eſpece d'endoſſement, qui ne renferme qu'un ſimple mandat, demeurant le propriétaire & le véritable créancier de la lettre de change, il n'eſt pas douteux que le payement peut lui en être valablement fait, de même qu'à celui à qui il a paſſé ſon ordre.

166. Le payement d'une créance ne pouvant, ſuivant les principes établis en notre Taaité des Obligations, *n.* 468. être valablement fait, même au véritable créancier, qu'autant qu'il eſt capable d'ad-miniſtrer ſon bien; il ſuit de-là que ſi le propriétaire de la lettre de change, avant que de s'en être fait payer, meurt & laiſſe des héritiers mineurs & non uſants de leurs droits, le payement de la lettre ne peut être valablement fait qu'à leur tuteur; & celui que l'accepteur auroit fait à ces mineurs ne les libéreroit pas en-vers eux ni envers le tireur, ſi ce n'eſt

jufqu'à concurrence de ce que la fomme payée auroit tourné à leur profit.

Il en feroit autrement fi la lettre avoit été paffée au profit d'un mineur, quoiqu'il ne fût pas Marchand, ni ufant de fes droits; le paiement de la letttre que celui fur qui la lettre eft tirée, auroit fait à ce mineur, feroit valable vis-à-vis du tireur qui lui en a donné l'ordre felon cette regle de droit : *quod juffu alterius folvitur, perinde eft ac fi ipfi folutum effet. L.* 180, *ff. de Reg. Jur.* Il n'importe quelle foit la perfonne à qui le paiement eft fait. *L.* 4, *cod. de folut.* mais fi ce mineur avoit diffipé la fomme qu'il a reçue pour le paiement de la lettre de change, & que le tireur de la lettre qui l'a lui a donnée à recevoir, ne pût juftifier que ce mineur en a fait un emploi utile, ce mineur feroit reftituable contre le billet qu'il auroit fait au tireur, par lequel il fe feroit obligé envers le tireur de lui donner la valeur de la lettre.

167. Lorfqu'une lettre de change a été paffée à une femme ufante de fes droits ; fi cette femme propriétaire de la lettre de change, avant que de s'en faire payer, s'eft mariée, & a paffé fous la puiffance de mari, le paiement de la lettre ne peut plus être fait valablement qu'à fon mari ; & celui qui feroit fait à cette femme par l'accepteur qui la connoîtroit, ne feroit

pas

pas valable, & ne libéreroit pas l'accepteur, ni envers elle, ni envers son
mari, ni envers le tireur de la lettre & ses
ayants cause, si ce n'est jusqu'à concurrence de ce que la somme payée auroit
tourné au profit de cette femme ou de
son mari.

Mais si l'accepteur ne connoissoit pas
l'état de cette femme qui a été mariée
dans un lieu éloigné de celui de sa demeure,
& qu'il eût de bonne foi payé la lettre
de change à cette femme, le payement
seroit valable, & opéreroit la libération
de l'accepteur à cause de sa bonne foi ;
c'est en ce cas la faute du mari d'avoir
laissé la lettre de change entre les mains
de sa femme, ou du moins de n'avoir
pas averti celui sur qui la lettre étoit tirée,
qu'il étoit devenu le mari de cette femme, lorsqu'il lui a fait le payement de la
lettre ; on ne peut alléguer pour cet effet
le texte de droit, où il est dit : *Qui cum
alio contrahit debet esse gnarus conditionis
ejus cum quo contrahit*, ce texte ne peut
recevoir d'application ; quand j'ai contracté avec quelqu'un, rien ne m'obligeoit de contracter avec lui, & j'ai pu
prendre le temps de m'informer auparavant qui il étoit, si je ne le connoissois
pas. Mais un Banquier à qui on présente
une lettre de change au jour de son échéan-

ce, est obligé de l'acquitter le jour même, & il ne peut pas avoir le temps de s'informer de l'état de toutes les personnes qui lui en présentent journellement.

168. Le principe que le paiement de la lettre de change pour être valable, doit être fait au propriétaire de la lettre, ou à quelqu'un qui ait pouvoir de lui ou qualité pour recevoir pour lui, sert à la décision de la question suivante.

Le propriétaire de la lettre de change l'a envoyée par la poste à son correspondant, sur le lieu où elle est payable, à qui il a passé son ordre pour la recevoir pour lui : le courier de la poste en chemin est attaqué par des voleurs, & dévalisé; avant qu'on ait pu donner avis de l'accident à l'accepteur sur qui la lettre est tirée, l'un des voleurs qui s'est emparé de la lettre, se présente avec la lettre sous le faux nom de celui à qui l'ordre en est passé, & en reçoit le paiement de l'accepteur ; ce payement opere-t-il la libération soit de l'accepteur, soit du tireur envers le propriétaire de la lettre ? Scacchia, §. 2. *gl.* 5. *n.* 340, décide conformément au principe ci-dessus, que ce paiement n'est pas valabe, & ne peut opérer la libération ni du tireur ni de l'accepteur envers le propriétaire de la lettre de change, ce paiement ayant été fait à une perfonne qui n'avoit ni pouvoir du propriétaire de la lettre, véritable créanier de la fomme y portée, ni qualité pour recevoir pour lui. En vain oppoferoit-on que l'accepteur qui a payé la lettre, à celui qui la lui a préfentée en prenant fauffement le nom de celui qui avoit l'ordre de la recevoir, a eu un jufte fujet de croire, en voyant la lettre entre fes mains, qu'il étoit effectivement la perfonne qu'il fe difoit être, & que le paiement qu'il lui a fait, a été fait de bonne foi : la réponfe eft, que la dette que le tireur a contractée envers le donneur de valeur propriétaire de la lettre de change, & fes fucceffeurs, & à laquelle l'accepteur a accédé, n'eft pas une dette d'un corps certain, c'eft une dette *generis feu quantitatis*, fçavoir de la fomme d'argent portée par la lettre que le tireur s'eft obligé de lui faire payer au lieu où la lettre de change eft tirée : or il y a une grande différence entre les dettes d'un corps certain, & les dettes *generis feu quantitatis*, telle qu'eft celle d'une fomme d'argent. Dans les dettes d'un corps certain, la chofe due eft aux rifques du créancier à qui elle eft due ; le débiteur en eft libéré, lorfque fans fa faute il a ceffé de l'avoir en fa poffeffion ; d'où il fuit que fi le débiteur l'a payée à une perfonne qu'il avoit fujet de croire avoir le pouvoir du créancier, quoiqu'il ne l'eût pas, ce paiement eft valable, & opere fa libération, puifque par ce paiement il a ceffé , fans aucune faute de fa part, d'avoir en fa poffeffion la chofe due. Par exemple , fi vous m'avez vendu votre cheval , que j'aie envoyé Pierre avec un billet par lequel je vous marquois de livrer ce cheval à Pierre qui vous préfenteroit ce billet , qu'un voleur en chemin ayant ravi ce billet à Pierre, fe foit préfenté à vous en fe difant fauffement être Pierre , & que vous lui ayez livré le cheval, il n'eft pas douteux que par ce paiement vous êtes libéré envers moi de la dette de ce cheval ; parce que cette dette eft la dette d'un corps certain que vous avez livré de bonne foi à celui que vous aviez fujet de croire avoir pouvoir de moi pour l'emmener. Il n'en eft pas de même des dettes *generis* , telle qu'eft la dette d'une fomme d'argent ; on ne peut pas dire à l'égard de ces dettes que la chofe due eft aux rifques du créancier à qui elle eft due , parce qu'on ne peut précifément déterminer quelle eft la chofe qui eft due ; c'eft pourquoi quand même le débiteur d'une fomme d'argent auroit perdu par une force majeure les deniers qu'il deftinoit pour le paiement de cette fomme , il n'eft pas pour cela libéré ; *incendium œre alieno non exuit debitorem*, *L.* 11, *Cod. si cert. pet.* & par la même raison le paiement qu'il a fait, quoique sans sa faute, à une personne qu'il croyoit de bonne foi avoir pouvoir du créancier pour recevoir, quoiqu'elle ne l'eût pas, ne peut le décharger de cette dette, à moins que ce ne soit par la faute du créancier qu'il ait été induit en erreur.

On opposera que le paiement fait par le débiteur d'une somme d'argent à celui qui avoit la procuration du créancier depuis la révocation de la procuration, est valable à cause de la bonne foi du débiteur qui voyoit la procuration & en ignoroit la révocation, *l.* 12, §. 2, *L.* 34, §. 3, *L.* 51, *ff. de solut.* quoique ce paiement soit fait en ce cas à une personne qui au moyen de la révocation de la procuration n'avoit pas pouvoir du créancier pour recevoir : donc pareillement dans cette espece de paiement de la dette d'une somme d'argent, fait à une personne qui n'avoit pas pouvoir du créancier, doit opérer la libération du débiteur, à cause de la bonne foi du débiteur, lorsque ce débiteur a eu un juste sujet de croire que celui à qui il payoit avoit ce pouvoir.

La réponse est que si dans l'espece de la révocation d'une procuration le paie-

ment eſt valable , ce n'eſt pas préciſément à cauſe de la bonne foi du débiteur ;
c'eſt parce que le débiteur a été induit en
erreur par la faute du créancier qui a manqué de l'avertir de la révocation de la
procuration ; mais lorſqu'il n'y a aucune
faute de la part du créancier , la ſeule
bonne foi du débiteur qui a eu un ſujet
de croire que celui à qui il payoit avoit
pouvoir pour recevoir , quoiqu'il ne l'eût
pas , ne rend pas valable le paiement
d'une ſomme d'argent ; c'eſt pourquoi Ju-
lien en la Loi 34, §. 4, *d. tit.* dit : *Si nullo
mandato intercedente debitor falſo exiſtima-
verit voluntate meâ pecuniam ſe numerare ,
non liberabitur.*

On pourroit peut-être encore oppoſer
contre notre déciſion que le paiement
fait au fondé de procuration depuis la
mort du créancier , mais avant qu'elle ait
pu être connue au débiteur , eſt valable :
la réponſe eſt , que la Loi *æquitate &*
utilitate ita ſuadente , proroge le pouvoir
qui finit par la mort juſqu'au temps qu'elle
ait pu être connue ; c'eſt pourquoi on
peut en ce cas dire en quelque façon que
la perſonne à qui le paiement a été fait ,
avoit pouvoir pour recevoir ; & conſé-
quemment le paiement eſt valable.

169. Ce que nous venons de décider
que le paiement de la lettre de change

fait par l'acepteur, quoique de bonne
foi, à une perfonne qui n'avoit pas pouvoir de le recevoir, n'opere pas la libération du tireur ni de l'accepteur, fouffre
beaucoup plus de difficulté, lorfque c'eft
par la faute du propriétaire de la lettre
de change ou du porteur de la lettre, fon
mandataire, que l'accepteur a été induit
en erreur : comme lorfque le propriétaire
de la lettre de change l'a égarée, & que
l'accepteur, avant que d'avoir été averti
de fe faire certifier de la perfonne qui la
lui préfenteroit, l'a payée à un filou à
qui elle eft parvenue qui a pris le nom de
celui à qui elle étoit payable. Il femble que
dans cette efpece l'accepteur peut dire
au propriétaire de la lettre, c'eft votre
faute ou celle de votre mandataire dont
vous êtes refponfable de n'avoir pas eu le
foin que vous deviez avoir de conferver
la lettre que vous vous étiez chargé de
me faire préfenter & de l'avoir égarée ;
c'eft cette faute qui a fait tomber la lettre
entre les mains du filou & qui m'a induit
en erreur ; je ne dois pas fouffrir de votre
faute & vous payer la lettre que j'ai
déja par votre faute payée au filou qui
me l'a préfentée. Néanmoins des Nego-
cians m'ont affuré que même en ce cas
l'accepteur ne pouvoit fe difpenfer de
payer une feconde fois la lettre au pro-

priétaire ; qu'il ne pouvoit pas lui oppo-
fer qu'il avoit été induit en erreur par
fa faute , parce que c'étoit lui-même qui
étoit en faute ; la régle du commerce
étant qu'un Banquier ne doit pas payer
une lettre de change à la perfonne qui la
lui préfente , lorfqu'il ne la connoît pas ,
fans fe faire certifier qu'elle eft celle à
qui la lettre eft payable.

La queftion ne fouffriroit aucune difficulté , fi l'accepteur avoit été averti ,
foit par le texte de la lettre de change ,
foit par une lettre d'avis de fe faire certifier la perfonne qui préfenteroit la lettre.

§. I I.

Par qui le paiement de la lettre de change peut-il être fait ?

170. Le paiement de la lettre peut
fe faire non-feulement par celui fur qui
elle eft tirée, par les perfonnes indiquées
par la lettre en cas d'abfence ou de refus
de celui fur qui elle eft tirée, & par ceux
qui ont mis leur aval au bas de l'acceptation. Il peut encore être fait, mais feulement en cas de protét par quelque perfonne que ce foit pour faire honneur au
tireur ou à quelqu'un des endoffeurs, &
pour empêcher les pourfuites qui feroient
la fuite du protét.

Obfervez que ce n'eft qu'en cas de protêt qu'un étranger qui n'eft ni indiqué par la lettre, ni intéreffé à fon acquittement, peut obliger le propriétaire de la lettre à en recevoir le paiement. Hors ce cas, il n'eft pas reçu à lui payer la lettre s'il ne le veut bien, cela eft conforme aux principes que nous avons établis au Traité des Obligations, *N.* 464.

171. Quoiqu'à l'égard des autres dettes, l'étranger qui n'a aucun intérêt à les acquitter ne foit pas en les payant fubrogé aux droits du créancier, s'il n'a pour cette fubrogation le confentement du créancier ou du débiteur ; néanmoins à l'égard des lettres de change, l'étranger qui l'acquitte en cas de protêt, eft fubrogé de plein droit à tous les droits du propriétaire de la lettre, quoiqu'il n'en ait point de tranfport, & que la quittance qui lui a été donnée ne faffe mention d'aucune fubrogation qui lui ait été accordée, ou qu'il l'ait requife. C'eft la difpofition de l'Ordonnance de 1673, t. 5., art. 3 : cela a été établi *jure fingulari* pour engager davantage les amis du tireur & des endoffeurs à leur rendre ce fervice & à conferver par ce moyen l'honneur du commerce & le crédit des Négocians.

H v

§. I I I.

Quand le paiement de la lettre de change peut-il être fait, & sur quel pied ?

172. La dette d'une lettre de change convient en cela avec les autres dettes, que lorsqu'il y a un terme appofé pour le paiement, le débiteur ne peut être contraint au paiement qu'après l'échéance du terme.

Elle a cela de particulier, 1°. Qu'outre le terme acordé par la lettre de change, le débiteur jouit encore d'un certain terme qu'on appelle *terme de grace* dont nous avons déja parlé *suprà*, N. 139. Ce terme de dix jours, qui, fuivant les termes de l'Ordonnance de 1673, *Tit.* 5. *art.* 4. fembleroit ne concerner que le porteur, eft auffi en faveur du débiteur, fi ce n'eft dans les lieux où il y a un ufage contraire. *Déclarations du Roi des* 28 *Novembre* 1713 *&* 20 *Février* 1714.

J'ai oui dire à un ancien Négociant que quelques perfonnes penfoient que celui fur qui la lettre eft tirée devoit jouir de ce terme de grace de dix jours, indiftinctement à l'égard de toutes les lettres de change, même de celles qui ne contiennent aucun terme, & qui font payables *à vue* purement & fimplement. Je ne crois pas cette opinion véritable , car comme l'a fort bien observé M. Jousse en son Commentaire sur l'Ordonnance de 1763 , p. 70 l'Ordonnance qui accorde ce terme de grace ne parle que des lettres accep-tées ou qui *échéent à jour certain* , & ne peut par conséquent être étendue à celles qui étant payables *à vue* n'ont aucun jour certain d'échéance ; d'ailleurs il seroit contre l'équité qu'une personne qui prend une lettre de change à vue sur une ville par où il doit passer sans y séjourner , & qui pour continuer son voyage a besoin de l'argent qu'on lui donne à recevoir par cette lettre , fut retenu dix jours dans cette ville , pour en attendre le paiement.

173. 2°. Quoique dans les dettes ordinai-res , le terme soit présumé n'avoir été ap-posé qu'en faveur du débiteur , & qu'en conséquence le débiteur puisse obliger le créancier à recevoir le paiement de la dette avant l'échéance du terme & sur son refus consigner ; au contraire dans les lettres de change suivant la déclara-tion du 28 Novembre 1713 , le porteur de la lettre de change ne peut être obligé à en recevoir le paiement avant l'é-chéance du terme ; la raison est , que les Marchands ayant ordinairement besoin de leur argent dans un certain lieu à jour nommé , le terme dans les lettres de

change est censé apposé aussi bien pour le créancier que pour le débiteur.

174. C'est encore une chose qui est particuliere aux lettres de change, que si le porteur de la lettre ne s'est pas présenté pour la recevoir au dernier jour du terme de grace, ou s'il n'y en a pas, au jour même de l'échéance de la lettre, & qu'il soit depuis survenu une diminution sur les especes, le porteur de la lettre soit tenu d'en recevoir le payement sur le pied que les especes diminuées valoient lors ; c'est ce qui a été ordonné par la Déclaration de 1713, contre les fraudes des porteurs de lettre de change, qui pour éviter la perte d'une diminution d'especes dont on étoit menacé, ne se présentoient point pour recevoir le payement de leurs lettres de change quoique échues, jusqu'à ce que la diminution fut arrivée; & pour subvenir aux débiteurs lesquels ignorant en quelles mains est la lettre de change étoient privés du moyen de se libérer par des offres & par la consignation.

La disposition de cette loi ne peut avoir d'application qu'aux lettres de change qui ont une échéance certaine, elle ne peut s'appliquer aux lettres à vue ; mais dans celle-ci on stipule souvent que la lettre sera payable en especes sur le pied de la valeur pour laquelle elles avoient cours au temps de la date de la lettre. C'est ce qu'on exprime par ces termes, *à vue, en especes au cours de ce jour.*

A R T I C L E I I.

De la Remise.

175. La créance de la lettre de change peut s'éteindre, de même que toutes les autres créances, par la remise qu'en fait le créancier au débiteur.

La lettre de change dans tout ce qu'elle renferme, contenant différentes créances, quoique d'une même somme, contre le tireur, l'accepteur & les endosseurs, lorsqu'il y en a; le propriétaire de la lettre de change à qui ces différentes créances appartiennent, peut, lorsqu'il est usant de ses droits, en faire remise à chacun de ces débiteurs.

§. I.

De la Remise faite à l'accepteur.

176. Lorsque le propriétaire de la lettre de change a fait remise de la dette de la lettre de change à l'accepteur, soit avant, soit depuis l'échéance de la lettre, la

créance de la lettre eſt éteinte, & ne ſub⸗
ſiſte plus.

S'il avoit fait cette remiſe à l'accep⸗
teur par une lettre miſſive en retenant la
lettre de change , & que depuis, au
préjudice de cette remiſe , il eût endoſſé
la lettre à votre profit , & en eût reçu
de vous la valeur ; je ne crois pas que
l'accepteur pût vous oppoſer utilement
la remiſe portée par cette lettre miſſive,
pour ſe défendre d'acquitter la lettre de
change , lorſque vous vous préſenteriez
à l'échéance pour la recevoir ; car ſuivant
les principes établis en notre Traité des
Obligations, *n.* 715 , cette lettre miſſive
qui auroit pu être antidatée, ne fait pas foi
de ſa date contre vous qui êtes un tiers,
& ne peut par conſéquent établir que la
lettre de change étoit remiſe & éteinte ,
lors de l'endoſſement qui vous en a été
paſſé ; & cette lettre eſt d'autant plus ſuſ⸗
pecte, que ſi votre endoſſeur, dont on
vous repréſente la lettre miſſive, eût voulu
effectivement faire remiſe de la lettre de
change à l'accepteur , la voie naturelle
étoit de la renvoyer à l'accepteur avec
l'acquit au bas : enfin ayant payé de bonne
foi la valeur à votre endoſſeur , votre
cauſe eſt favorable , *certas de damno vi⸗
tando.* C'eſt pourquoi l'accepteur ne peut

se dispenser de vous payer le montant de la lettre de change ; mais il aura son recours pour en être acquitté , contre celui qui vous l'a endossée au préjudice de la remise qu'il lui en avoit faite ; car sa lettre qui ne fait pas foi du temps de cette remise contre vous qui êtes un tiers, en fait foi contre lui qui l'a écrite.

La remise d'une dette ne pouvant se faire , suivant les principes établis en notre Traité des Obligations, *n.* 578, que par le concours des volontés du créancier qui fait la remise , & du débiteur qui l'accepte, il s'ensuit que lorsque le propriétaire & créancier d'une lettre de change , a écrit une lettre missive à l'accepteur, débiteur de la lettre, par laquelle il lui déclare qu'il lui fait remise de la lettre , & même la lui renvoye avec l'acquit au bas ; le concours des volontés du créancier & du débiteur de la lettre de change, ne pouvant se rencontrer & intervenir que lorsque la lettre missive sera parvenue à l'accepteur ; la remise de la dette de la lettre de change ne peut recevoir sa perfection, & avoir effet que lorsque la lettre sera parvenue à l'accepteur, le créancier & propriétaire de la lettre de change persévérant dans la même volonté. C'est pourquoi s'il étoit mort, ou s'il étoit justifié qu'il eût changé de volonté avant que la lettre miſſive fût parvenue à l'accepteur, la remiſe n'auroit aucun effet.

Par la même raiſon, ſi l'accepteur eſt mort avant que la lettre par laquelle le propriétaire de la lettre de change lui écrivoit qu'il lui en faiſoit remiſe, lui ſoit parvenue, la remiſe n'aura aucun effet.

177. La remiſe de la lettre de change que le propriétaire de la lettre a faite à l'accepteur, avant que l'accepteur ait été par le protêt conſtitué en demeure de la payer, profite-t-elle au tireur ? Il n'eſt pas douteux qu'elle lui profite en ce ſens que par cette remiſe il ceſſe d'être ſujet aux actions de garantie qu'auroit pu avoir contre lui le propriétaire de la lettre ; car n'y ayant que la demeure en laquelle ſeroit l'accepteur d'acquitter la lettre, certifiée par un protêt dûement fait qui puiſſe donner lieu à ces actions, & l'accepteur ne pouvant plus, au moyen de la remiſe qui lui a été faite de la lettre, être mis en demeure de l'acquitter, il s'enſuit bien évidemment qu'il ne peut plus y avoir lieu à ces actions de garantie.

Il y a plus de difficulté ſur la queſtion de ſçavoir ſi la remiſe de la lettre de change faite à l'accepteur doit profiter au tireur, en ce ſens que l'accepteur ſon mandataire ne puiſſe dans ſon compte lui paſſer en miſe les fonds deſtinés à acquitter la lettre de change qu'il n'a pas acquittée au moyen de la remise que le propriétaire de la lettre en a faite. Cette question se décide par une distinction que nous apprenons de la Loi 10, §. *fin. &* §. *seq. ff. mand.* Si le créancier de la lettre de change en a fait remise à l'accepteur, en récompense des services qu'il lui avoit rendus, l'accepteur est censé en ce cas avoir payé la somme portée par la lettre de change , par la compensation qui s'en est faite avec la récompense de ses services dont le créancier de la lettre étoit tenu envers lui au moins naturellement : c'est pourquoi l'accepteur peut en ce cas se faire faire raison de cette somme , *actione mandati contrariâ* , par le tireur son mandant ; mais si la remise que le créancier de la lettre de change a faite à l'accepteur a été purement gratuite , l'accepteur ne pouvant en ce cas être censé avoir payé aucune chose pour l'acquittement , ne peut rien passer en mise au tireur son mandant , suivant cette regle , *sciendum est non plus fidejussorem consequi debere mandati judicio quam quod solverit.* L. 26. §. 4. *ff. mand.* Voyez notre Traité des Obligations , *N.* 430.

178. Lorsque c'est depuis le protêt que le propriétaire de la lettre de change en a fait remise à l'accepteur , cette remise dé-

charge-t-elle le tireur & les endosseurs
des actions auxquelles le protêt de la lettre avoit donné ouverture ? Il faut distinguer ; si cette remise est une remise réelle,
si le propriétaire de la lettre de change,
par la lettre qu'il a écrite à l'accepteur,
a déclaré qu'il tenoit la lettre de change
pour acquittée ; s'il en a donné quittance
à l'accepteur sans en avoir reçu le montant ; une telle remise ayant éteint la dette de la lettre de change, il n'est pas douteux qu'elle opere la libération de tous
ceux qui en étoient tenus, du tireur & des
endosseurs, aussi-bien que de l'accepteur.
Traité des Obligations, N. 580.

Lorsque la remise faite par le propriétaire de la lettre de change à l'accepteur
n'est qu'une décharge personnelle de son
obligation, comme lorsqu'il lui a écrit
qu'il le déchargeoit de la lettre de change, il faut en ce cas sous-distinguer : si
l'accepteur avoit reçu du tireur les fonds
pour acquitter la lettre de change, &
qu'en conséquence il fût tenu de garantir
le tireur des poursuites qui seroient faites
contre lui, à défaut de payement de la
lettre de change ; en ce cas la remise faite
à l'accepteur opéreroit la libération du tireur & des endosseurs, soit pour le total,
si le propriétaire de la lettre avoit fait remise du total à l'accepteur, soit pour la

partie dont il auroit fait remife à l'accepteur ; parce qu'autrement l'accepteur ne
jouiroit pas de la remife qui lui a été accordée ; mais fi le tireur n'avoit pas remis à
l'accepteur les fonds qu'il devoit lui remettre pour l'acquittement de la lettre de
change, en ce cas la remife que le propriétaire de la lettre de change a accordée à
l'accepteur depuis le protêt, n'opere pas
la libération du tireur, & n'empêche pas
le propriétaire de la lettre de change de
former contre lui pour le total fon action
qui a été ouverte par le protêt, parce
qu'en ce cas cette action ne peut rejaillir
contre l'accepteur, le tireur qui ne lui a
pas fourni les fonds n'ayant pas en ce cas
de recours contre lui.

Mais en l'un & l'autre cas la remife accordée à l'accepteur, opere la libération
des endoffeurs, parce qu'en l'un & l'autre cas, foit que les fonds aient été remis
ou non à l'accepteur, les endoffeurs doivent être acquittés par l'accepteur, n'y
ayant que le tireur qui foit obligé de remettre les fonds à l'accepteur. C'eft pourquoi en l'un & l'autre cas le propriétaire
de la lettre de change ne peut intenter fes
actions contre les endoffeurs , parce que
devant rejaillir contre l'accepteur, il ne
jouiroit pas de la remife qui lui a été faite.

179. Obfervez que le propriétaire de

la lettre de change qui a fait remise d'une
partie de sa créance à l'accepteur , n'est
exclus de demander cette portion au tireur
ou aux endosseurs qui ont un recours de
garantie contre l'accepteur , que lorsque
la remise qu'il a faite à l'accepteur est
une remise volontaire. Il en est autrement
des remises forcées; *putà*, si l'accepteur
ayant fait avec les trois quarts de ses
créanciers un contrat d'atermoiement portant remise d'un quart de leurs créances,
l'avoit fait déclarer commun avec le propriétaire de la lettre de change , ce propriétaire de la lettre de change ne seroit
pas pour cela exclus de demander le paiement du total de sa créance au tireur &
aux endosseurs : l'accepteur ne seroit pas
en ce cas privé indirectement de la remise du quart que le propriétaire de la lettre a été obligé de lui faire par le Jugement qui a déclaré commun avec lui le
contrat d'attermoiement ; car cet accepteur pourra obliger le tireur ou les endosseurs à accéder pareillement au contrat
d'attermoiement , & à lui faire la même
remise sur la créance de garantie qu'ils
ont contre lui. Voyez ce que nous avons
dit dans une espece approchante en notre
Traité des Obligations , *N.* 380.

§. II.

De la Remise faite au Tireur ou à un Endosseur.

180. Lorsque le propriétaire de la lettre de change en a fait la remise pour le tout ou pour partie, au tireur qui la lui a fournie, cette remise lorsqu'elle est volontaire opere la libération pour le tout ou pour partie, non-seulement du tireur à qui elle est faite, mais aussi de l'accepteur à qui le tireur n'avoit pas encore remis les fonds pour l'acquitter ; car autrement si celui qui a fait remise de la lettre de change au tireur pouvoit encore en demander le payement à l'accepteur, le tireur ne jouiroit pas de la remise qui lui a été faite, puisque l'accepteur auroit recours contre lui pour se faire donner les fonds pour le payement de la lettre.

181. Doit-on décider la même chose dans le cas auquel le tireur auroit remis à l'accepteur les fonds pour l'acquittement de la lettre de change avant la remise qui lui a été faite par le propriétaire de la lettre ? Quoique la raison apportée en l'espece précédente cesse dans cette espece, la demande contre l'accepteur ne pouvant en ce cas rejaillir contre le tireur, on

peut encore dire pour la libération de l'accepteur, que l'obligation que le tireur a contractée envers le propriétaire de la lettre à qui il l'a fournie, de lui faire compter la somme portée par la lettre au lieu où elle est payable, est l'obligation principale à laquelle a accédé celle de l'accepteur, qui par son acceptation s'est obligé d'acquitter celle du tireur : or c'est un principe constant que la remise de l'obligation principale qui en opere l'extinction, entraîne nécessairement l'extinction des obligations accessoires qui ne peuvent subsister sans l'obligation principale. Voyez notre Traité des Obligations, *N*. 377. D'où il pourroit paroître qu'on dût conclure, que, même en ce cas, la remise de la lettre de change que le propriétaire a faite au tireur, doit libérer l'accepteur aussi bien que le tireur. Néanmoins je pense que si la remise que le propriétaire de la lettre de change en a faite au tireur, n'est pas une remise réelle, mais une simple décharge personnelle qu'il a voulu lui accorder, cette remise ne doit pas opérer la libération de l'accepteur à qui les fonds pour l'acquittement de la lettre de change ont été fournis par le tireur. La raison est que l'accepteur en accédant par son acceptation de la lettre de change à l'obligation contractée par le tireur envers le propriétaire de la lettre, n'y a pas accédé comme une simple caution ; il s'en est rendu débiteur principal conjointement & solidairement avec le tireur : c'est pourquoi la décharge personnelle de l'obligation du tireur n'entraîne pas la décharge de la sienne, de même que la décharge personnelle d'un débiteur solidaire n'entraîne pas celle de ses codébiteurs. *Traité des Obligations*, N. 581.

182. Lorsque la lettre de change n'a pas été fournie au propriétaire de la lettre par le tireur, mais par un endosseur, la décharge que le propriétaire de la lettre a accordée au tireur, opere la libération des endosseurs ; car autrement le tireur ne jouiroit pas de la remise qui lui a été faite, puisque les demandes qui seroient données contre les endosseurs rejailliroient contre lui qui est tenu de les acquitter.

183. Lorsque le propriétaire de la lettre de change en a fait remise à l'endosseur qui la lui a fournie, cette remise, lorsqu'elle n'est qu'une décharge personnelle, n'opere la libération ni de l'accepteur, ni des endosseurs précédens, ni du tireur ; les créances qu'il a contre ces différentes personnes étant des créances différentes, quoique d'une même somme,

il peut faire remife de l'une, & retenir les
autres.

ARTICLE III.

*Des autres manieres dont s'éteignent les
créances de la Lettre de Change.*

§. I.

De la Compenfation.

184. La lettre de change s'éteint par la
compenfation ou pour le total, lorfque
depuis l'échéance de la lettre de change
l'accepteur fe trouve créancier du propriétaire de la lettre de change, d'une
fomme pareille, ou plus grande que celle portée par la lettre de change, & dont
le temps du payement eft pareillement
échu; ou du moins pour partie & jufqu'à
dûe concurrence de la fomme dont l'accepteur fe trouve créancier du propriétaire de la lettre de change, lorfque cette fomme eft moindre que celle portée
par la lettre.

Cette compenfation a fur-tout lieu lorfque la dette dont l'accepteur fe trouve
créancier du propriétaire de la lettre de
change eft payable au même lieu que celui où la lettre eft payable. Nous verrons
infrà fi elle doit avoir lieu même dans
le

le cas auquel les deux dettes foient payables en différens lieux.

186. Cette compenfation équipolle à un payement réel, & elle éteint les créances que renferme la lettre de change, de la même maniere qu'elles l'auroient été par le payement réel de la fomme portée par la lettre de change.

De-là il fuit que depuis que cette compenfation s'eft faite, c'eft-à-dire, depuis l'échéance de la lettre, fi dès le jour de l'échéance de la lettre, l'accepteur fe trouvoit créancier du propriétaire de la lettre ; ou du jour qu'il l'eft devenu, s'il ne l'eft devenu que depuis, on ne peut plus paffer valablement aucun endoffement au profit de perfonne ; car il eft évident qu'on ne peut pas céder par un endoffement des droits qui n'exiftent plus, & qui ont été éteints par la compenfation.

Par la même raifon fi la compenfation ne s'eft faite que pour partie de la fomme portée par la lettre de change, l'endoffement, depuis que s'eft faite cette compenfation, ne pourra plus fe faire que pour ce qui refte dû de la fomme portée par la lettre.

186. Obfervez que cette compenfation ne peut fe faire que lors de l'échéance de la lettre de change ou depuis, elle ne

peut fe faire auparavant; la raifon eft que le propriétaire de la lettre de change, ne pouvant être obligé à recevoir le payement réel qu'on voudroit lui faire de la lettre de change avant fon échéance; il ne peut par la même raifon en fouffrir avant cette échéance la compenfation qui équipolle au payement réel.

C'eft pourquoi, quoique l'accepteur fe trouve avant l'échéance de la lettre de change, créancier du propriétaire de la lettre d'une fomme égale ou plus grande que celle portée par la lettre, il ne fe fait pas encore de compenfation, elle ne fe fera que lors de l'échéance de la lettre, fi le propriétaire débiteur de l'accepteur s'en trouve alors être propriétaire; mais fi avant l'échéance il a ceffé de l'être par un endoffement qu'il en auroit paffé à quelqu'un, il ne pourra plus y avoir lieu à la compenfation.

187. Suffit-il pour qu'il y ait lieu à la compenfation que le terme de payement porté par la lettre de change foit écoulé & échu, eft-il néceffaire d'attendre que le terme de grace le foit auffi ? La Déclaration du 28 Novembre 1713 ayant décidé que le porteur de la lettre de change ne peut être obligé à en recevoir le payement avant le dixieme jour auquel expire ce terme, c'eft une conféquence

que la compensation ne peut s'en faire
plutôt, par la raison déja ci-dessus dite.
Qu'on n'oppose pas que nous avons établi en notre Traité des Obligations, *N.*
591, que les termes de grace n'empêchent
pas la compensation ; car nous n'y avons
parlé que des termes de grace qui sont
purement termes de grace, tels que ceux
que donnent des lettres de répi ou d'état,
qui n'ont d'autre effet que d'arrêter les
poursuites du créancier : mais ce terme
qu'accorde l'Ordonnance n'est *terme de
grace* que de nom, parce que c'est *hu-
manitatis ratione* qu'elle l'a accordé, &
pour le distinguer de celui porté par la
lettre : il est réellement terme de droit,
puisque c'est la loi qui le donne.

Est-il nécessaire, pour qu'il puisse y avoir
lieu à la compensation, que la dette dont le
propriétaire de la lettre de change se trouve
au temps ou depuis l'échéance de la lettre
débiteur envers l'accepteur, soit payable au même lieu où est payable la lettre
de change ; la diversité des lieux auxquels les deux dettes sont payables en
empêche - t - elle la compensation ? Par
exemple si j'ai une lettre de change de
mille livres tirée sur un Banquier de Lyon
& payable à Lyon, & que ce Banquier
lors de l'échéance de la lettre, se trouve
mon créancier d'une somme égale ou plus

grande, payable à Orléans lieu de mon domicile, ce Banquier pourra-t-il oppo-ser à mon correspondant porteur de la lettre, qui se présentera pour la recevoir pour moi, la compensation de la somme que je lui dois payable à Orléans lieu de mon domicile ? Suivant les principes du Droit Romain, la compensation peut avoir lieu même en ce cas, à la charge par ce Banquier pour me faire raison du coût de la remise. C'est ce qui résulte de la loi 15, *ff. de compens.* On pourroit dou-ter, si cette décision doit être suivie par-mi nous, elle est une suite des principes du Droit Romain sur l'action *de eo quod certo loco*, par laquelle un créancier pou-voit exiger de son débiteur où il le trou-voit le payement de la somme qu'il lui devoit, quoique payable dans un autre lieu, en lui tenant compte du coût de la remise du lieu où elle étoit payable, à celui où elle lui est demandée ; mais Au-tomne sur le titre, *de eo quod certo loco,* atteste que cette action n'est pas reçue parmi nous, Un créancier ne pouvant donc parmi nous exiger la somme qui lui est dûe qu'au lieu où elle est payable, il semble qu'on peut en conclure qu'il ne peut pareillement l'opposer en compen-sation d'une dette qu'il doit en un autre lieu; en conséquence il semble que dans

l'efpece propofée, fi le Banquier m'oppofe
en compenfation de la fomme portée par
une lettre de change qu'il doit me compter à Lyon, la fomme que je lui dois payable à Orléans, je peux lui répondre que
je fuis prêt de lui payer à Orléans ce que
je lui dois à Orléans ; que n'étant pas obligé de lui payer à Lyon ce que je lui dois
à Orléans, il ne peut m'obliger de le com-
penfer ; qu'ayant befoin de l'argent qu'il
me doit à Lyon pour faire les affaires que
j'ai à Lyon, & ayant pour cet effet échan-
gé avec le tireur qui m'a fourni la lettre
de change & dont il eft le mandataire, de
l'argent d'Orléans, contre celui qu'il m'a
donné à recevoir à Lyon, je ne dois pas
être obligé de recevoir l'argent que je
dois à ce Banquier à Orléans, à la place
de celui qu'il me doit à Lyon & dont j'ai
befoin à Lyon. Néanmoins Donat, *lib.* 4,
tit. 2, §. 2, *N.* 8, penfe qu'on doit admettre la compenfation de dettes quoique payables en différens lieux, en fai-
fant raifon du coût de la remife. Cela
pourroit dépendre des circonftances & de
l'examen du befoin preffant que le propriétaire de la lettre auroit d'avoir fon
argent fur le lieu.

188. Les créances de la lettre de
change peuvent auffi s'éteindre par la
compenfation de ce dont le propriétaire

de la lettre de change se trouveroit être débiteur envers le tireur qui la lui a fournie ; mais cette compensation ne peut se faire qu'après le protêt de la lettre & la dénonciation de ce protêt faite au tireur ; car ce n'est que par cette dénonciation que la créance du propriétaire de la lettre contre le tireur est ouverte & exigible, & une créance ne peut être sujette à compensation que depuis qu'elle est devenue exigible.

§. II.

De la Novation.

189. La créance d'une lettre de change, peut de même que toutes les autres créances s'éteindre par la novation, & ce que nous avons dit de la novation en notre Traité des Obligations, *p. 3. ch. 2.* peut s'appliquer à cette espece de créance de même qu'à toutes les autres.

Y a-t-il novation dans l'espece suivante ? Pierre Banquier de Paris m'a donné le premier Février 1762 une lettre de change de mille livres sur Yves Banquier de Nantes, payable le premier Mars ; le 8 dudit mois de Février je me suis présenté à Yves pour la lui faire accepter : au lieu de l'accepter il m'a donné

à la place une lettre de change d'autant
fur David de la Rochelle, payable le 15
dudit mois de Février : je lui ai remis un
exemplaire de ma lettre de change tirée
fur lui par Pierre, & j'ai mis au bas *quit-*
tance en une lettre de change du premier
Février qu'il m'a fournie fur David de la
Rochelle ; j'ai envoyé à mon correfpondant de la Rochelle ma lettre fur David
qui a fait refus à l'échéance de payer ;
mon correfpondant me l'a renvoyée avec
un protêt. Ayant eu avis par mon correfpondant dès avant l'échéance , que
David pourroit bien ne pas payer ,
j'ai écrit à Pierre de m'envoyer un
fecond exemplaire de fa lettre de change , en lui marquant feulement que
je ne l'avois plus, fans lui marquer ce qui
s'étoit paffé ; j'ai dénoncé à Yves le protêt de la lettre qu'il m'avoit donnée fur
David ; je lui ai demandé que faute d'en
avoir pû avoir payement, il me payât la
lettre tirée fur lui par Pierre : fur fon refus j'ai fait le protêt de cette lettre le 10
Mars jour de l'expiration du terme de grace de cette lettre , je l'ai dénoncée à Pierre, & j'ai intenté mon action de garantie contre Pierre : je n'ai que cette ref-
fource, Yves ayant fait banqueroute.
Pour moyen je dis que le tireur d'une
lettre de change n'en peut être acquitté

envers celui à qui il l'a foûrnie, que par le payement de la lettre; que n'en ayant pas été payé, il en demeure mon débiteur; ayant fait à tems le protêt & les diligences, mon action procede contre lui. Pierre répond que l'obligation du tireur d'une lettre de change peut s'éteindre, non - seulement par le payement réel, mais par la novation; que dans l'espece proposée j'ai fait novation de l'obligation renfermée dans la lettre de change de Pierre, par l'obligation qu'Yves a contractée à sa place envers moi par celle que ce dernier m'a donnée sur David; que ma volonté de faire cette novation ne peut être équivoque, puisque j'ai donné quittance de la lettre de change de Pierre, & que c'est dans cette quittance que j'ai fourni la valeur de la lettre qu'Yves m'a donnée sur David. Par ces raisons Scacchia, §. 2, *gl.* 5, *quest.* 8, décide que dans ce cas je n'ai plus d'action contre Pierre. Il me paroît qu'on peut soutenir au contraire, qu'il n'y a pas en ce cas de novation; car la volonté de faire novation, devant être expresse & ne se présumant point, pour qu'on pût dire dans cette espece que j'ai voulu faire novation de la lettre de change de Pierre, il auroit fallu que j'en eusse donné une quittance pure & simple; mais ayant énoncé dans la quittance que c'éfoit en une lettre qu'Yves m'avoit fournie fur la Rochelle, j'ai fuffifamment déclaré que je n'entendois donner quittance de la lettre de change de Pierre, que fous la condition & au cas que la lettre qu'il m'avoit fournie fur la Rochelle feroit acquittée : ne l'ayant pas été, la condition fous laquelle j'ai donné quittance de la lettre de change de Pierre, a manqué, & la quittance que j'en ai donnée fous cette condition n'eft d'aucun effet. C'eft l'avis de M. R . . . .

Il y auroit encore moins de difficulté à décider qu'il ne s'eft pas fait de novation, fi j'avois retenu la lettre de Pierre jufqu'au payement de l'autre.

§ III.

De la Confufion.

190. La créance que renferme la lettre de change peut auffi s'éteindre par la confufion, lorfque le propriétaire de la lettre de change eft devenu héritier pur & fimple de l'accepteur qui en eft débiteur ; ou *vice verfâ*, lorfque l'accepteur eft devenu héritier pur & fimple du propriétaire de la lettre de change ; ou lorfqu'un tiers eft devenu héritier pur & fimple de l'un & de l'autre. La raifon eft que

tous les droits du défunt, la qualité qu'il avoit, soit de créancier, soit de débiteur de la lettre de change, passent en la personne de son héritier qui a de son chef la qualité opposée ; ces qualités se trouvant concourir dans une même personne, se détruisent mutuellement, personne ne pouvant être créancier de soi-même ni débiteur de soi-même. D'ailleurs la même personne réunissant les biens du créancier & ceux du débiteur de la lettre de change, est censée avoir trouvé dans les biens du débiteur dequoi acquitter la lettre de change, laquelle en conséquence doit être censée acquittée : *aditio hereditatis pro solutione cedit. L.* 95, § 2, *ff. de solut.*

191. La confusion qui se fait lorsque le propriétaire de la lettre de change devient héritier de l'accepteur, *aut vice versâ*, en opere l'extinction non-seulement vis-à-vis de l'accepteur, mais aussi vis-à-vis du tireur & des endosseurs, tant parce qu'elle est censée acquittée par cette confusion, que parce que le tireur & les endosseurs n'étant tenus de la lettre de change vis-à-vis le propriétaire de la lettre que dans le cas du refus qui lui seroit fait par l'accepteur d'acquitter la lettre, & ne pouvant plus au moyen de la confusion y avoir jamais lieu à ce refus,

c'eft une conféquence que le tireur & les endoffeurs doivent être libérés.

Le tireur eft bien déchargé des obligations qu'il a contractées par le contrat de change envers le donneur de valeur à qui il l'a fournie ; mais fes obligations envers l'accepteur, réfultantes du contrat de mandat intervenu entr'eux, fubfiftent, & il doit lui rembourfer la fomme portée par la lettre de change qu'il eft cenfé s'être payé à lui-même.

192. L'héritier fuccédant au défunt dès l'inftant de fa mort, quand même il n'en auroit pas la connoiffance, fuivant la maxime de notre Droit François, *le mort faifit le vif*, la confufion fe fait dès l'inftant de cette mort, & opere dès cet inftant l'extinction de la créance que la lettre de change renferme ; d'où il fuit qu'il ne fe peut plus dès-lors faire d'endoffement valable de la lettre de change ; car un droit qui eft éteint & qui n'exifte plus, ne peut fe tranfporter. C'eft pourquoi fi le propriétaire de la lettre de change, depuis la mort de l'accepteur, dont il n'a pas encore la connoiffance, & dans l'ignorance où il eft que par cette mort il eft devenu l'héritier de l'accepteur, a endoffé la lettre de change au profit de Pierre qui lui en a donné la valeur, l'endoffement eft nul ; Pierre a feu-

lement en ce cas *condictione sine causâ*, la répétition de ce qu'il a payé à son endof-feur, comme l'ayant payé par erreur & fans caufe pour le prix d'un endoffement nul ; mais en cas d'infoivabilité de cet en-doffeur, il n'a aucun recours contre le tireur & les endoffeurs précédens, qui ont été pleinement libérés de la lettre de chan-ge dès l'inftant de la mort de l'accepteur à qui le propriétaire de la lettre a fuccédé, par la confufion & extinction de la dette de la lettre de change qui s'eft faite dès cet inftant.

193. Il fe fait auffi confufion & extinc-tion de la créance de la lettre de change lorfque le propriétaire devient héritier du tireur , *aut vice verfâ* ; & cette confufion libere auffi l'accepteur , lorfque le tireur ne lui a pas remis les fonds ; car ce pro-priétaire ne peut être recevable à lui de-mander le payement de la lettre , étant en fa qualité d'héritier du tireur , obligé en-vers lui de lui remettre les fonds pour l'acquitter.

Soit que les fonds aient été remis ou non à l'accepteur, cette confufion libere les endoffeurs ; car le propriétaire de la lettre de change étant devenu en fa qua-lité d'héritier du tireur, le garant des en-doffeurs , il fuit encore de-là qu'il ne peut plus avoir d'action contr'eux.

194. Lorsque le propriétaire de la lettre de change devient l'héritier pur & simple d'un endosseur qui en a fait l'endossement à son profit, *aut vice versâ*, il ne se fait confusion que de la dette particuliere que cet endosseur a contractée envers lui, & de l'action qui en résulte qu'il auroit pu avoir contre cet endosseur, en cas de refus par l'accepteur de l'acquitter ; mais la créance de la lettre de change subsiste tant contre l'accepteur que contre les endosseurs précédens & contre le tireur.

195. Lorsque ce n'est pas à son endosseur que le propriétaire de la lettre de change a succédé, mais à un endosseur antérieur, *aut vice versâ*, il se fait extinction non-seulement de la créance & de l'action qu'il auroit pu avoir en cas de protêt contre cet endosseur, auquel il a succédé, mais aussi de celles qu'il auroit pu avoir contre les endosseurs postérieurs ; car étant devenu l'héritier d'un endosseur antérieur, il est en cette qualité obligé de les garantir : au reste il conserve sa créance tant contre l'accepteur que contre les endosseurs antérieurs à celui à qui il a succédé & le tireur.

196. Il nous reste à observer que lorsque le propriétaire de la lettre de change n'est devenu héritier que pour partie, soit de l'accepteur, soit du tireur, *aut vice versâ*, il ne se fait confusion & ex-

tinction de la dette de la lettre de change que pour cette partie ; & s'il n'a été héritier que fous bénéfice d'inventaire , foit pour le total , foit pour partie , il ne fe fait aucune confufion , l'effet du bénéfice d'inventaire étant de l'empêcher. Voyez les principes que nous avons établis fur la confufion en notre Traité des Obligations , *part.* 3. *chap.* 5.

A R T I C L E I V.

De la prefcription des Lettres de Change.

197. L'Ordonnance de 1673 , *Tit.* 5. *art.* 21. a établi une prefcription particuliere à l'égard des lettres de change & billets de change ; elle porte : *Toutes lettres & billets de change feront réputés acquittés après cinq ans de ceffation de demande & de pourfuite à compter du lendemain de l'échéance ou du protét, ou de la derniere pourfuite.*

Il réfulte de cet article une prefcription contre les demandes que formeroit le propriétaire de la lettre de change , foit contre l'accepteur , foit contre le tireur ou contre les endoffeurs après les cinq ans depuis l'échéance de la lettre , fi elle n'a pas été proteftée ; ou depuis le protét, s'il a été fait , & qu'il n'ait pas

été fait d'autres-pourfuites ; ou depuis la
derniere pourfuite.

198. De quand courent les cinq ans
à l'égard des lettres à vue qui n'ont pas
été proteftées ? Je penfe que la prefcription doit courir dès auffi-tôt que la lettre
a pu être préfentée ; car une créance eft
échue auffi-tôt qu'elle peut être exigée :
or une lettre à vue peut être exigée auffi-
tôt qu'elle peut être préfentée ; donc on
doit compter le temps de fon échéance
du jour qu'elle a pu être préfentée.

199. Cette prefcription a-t-elle pareillement lieu contre l'action que l'accepteur qui a payé la lettre fans que le tireur lui eût remis les fonds, a contre le
tireur pour en être acquitté ? La queftion
me paroît fouffrir difficulté : j'inclinerois
à l'avis de Savary en fon *Parer.* 72 , qui
penfe qu'il n'y a pas lieu en ce cas à la
prefcription de cinq ans. Car l'article de
l'Ordonnance dit feulement que les lettres
de change feront réputées acquittées
après cinq ans ; ce qui paroît exclure feulement les actions du propriétaire & créancier de la lettre , pour en exiger le payement. L'Ordonnance préfume bien au
bout de cinq ans que la lettre a été acquittée , mais elle ne dit pas qu'au bout de
ce temps l'accepteur qui l'aura acquittée
fera préfumé en avoir été rembourfé par

le tireur ; ce font deux chofes toutes différentes : elle accorde une prefcription
contre les créances qui réfultent de la
lettre ; mais ce n'eft pas proprement de la
lettre de change que l'accepteur qui l'a
acquittée eft créancier ; la créance qui
réfultoit de cette lettre a été éteinte par
le payement qu'il en a fait : il n'eft créancier que de la fomme qu'il a débourfée
pour le tireur en acquittant la lettre.

200. L'action qu'a le tireur qui a été
obligé de payer la lettre de change re-
tournée à protêt, contre l'accepteur qui
l'a laiffée protefter, quoiqu'il en eût remis
les fonds, eft-elle fujette à la prefcription
de cinq ans ?

Cette queftion fouffre encore beaucoup de difficulté. On peut dire en faveur de la prefcription que c'eft toujours
en ce cas la lettre de change qui eft due
par l'accepteur, lequel au lieu de la devoir au propriétaire de la lettre, la doit
au tireur qui a payé le propriétaire de la
lettre. On peut dire d'un autre côté que
la dette de la lettre ayant été acquittée
par le payement que le tireur en a fait
au propriétaire, le tireur n'eft pas créancier de la lettre, mais des fonds qu'il avoit
remis à l'accepteur pour l'acquitter.

201. L'Ordonnance dit que la prefcription de cinq ans court du jour de la der-

niere pourſuite. De-là naît cette queſtion:
Le porteur a fait proteſter ſa lettre le premier Janvier 1750, & a donné le premier
Juillet une demande contre l'accepteur
ou le tireur pour être payé de ſa lettre
de change, qui, trois ans après faute de
pourſuite, a été déclarée périmée ; pourra-t-il le premier Avril 1753 donner une
nouvelle demande ? Pour l'affirmative on
dira que la preſcription de cinq ans ne
doit courir que depuis le premier Juillet
1750, jour de l'exploit de demande qu'il
a donné, qui eſt la derniere pourſuite qu'il
ait faite; & qu'en conſéquence la preſcription n'étant point accomplie, il doit être
recevable dans ſa demande. La réponſe
qui doit ſervir de raiſon de décider pour
la négative, eſt que la derniere pourſuite dont parle l'Ordonnance doit s'entendre d'*une pourſuite* ſubſiſtante, & qui
ne ſoit pas tombée en péremption : l'exploit de demande donné le premier Juillet 1750 ayant été déclaré péri, doit être
réputé comme non-avenu, & ne peut par
conſéquent avoir produit aucun effet, ni
avoir arrêté la preſcription de cinq ans
portée par notre article : elle doit donc
courir du lendemain du protêt fait le
premier Janvier 1750, & par conſéquent
la demande donnée le premier Avril 1755
n'eſt pas donnée à temps.

202. Si l'accepteur avoit obtenu des lettres de répi, le temps de la preſcrip-tion courroit-il pendant le temps accordé par leſdites lettres de répi qui auroient été ſignifiées au propriétaire de la lettre de change ? Heineccius dit que la queſtion eſt controverſée ; j'inclinerois à diſtin-guer ſi la lettre de change a été proteſ-tée, ou non, & je penſerois que ſi elle n'avoit pas été proteſtée, la preſc...ption de cinq ans ne laiſſeroit pas d...ourir du lendemain de l'échéance, nonobſtant les lettres de répi, parce que ces lettres de répi n'empêchoient pas que le proprié-taire de la lettre ne pût la proteſter ; mais ſi la lettre avoit été proteſtée, je ne penſe pas que le temps de la preſcription pût courir contre le porteur de la lettre à l'égard de l'accepteur qui lui auroit fait ſignifier ſes lettres, parce que c'eſt une maxime en fait de preſcription, que *ad-verſus non valentem agere, non currit præſcriptio*, & que le répi empêchoit le propriétaire de la lettre de pouvoir faire aucunes pourſuites contre cet accepteur.

Mais comme cela ne l'empêchoit pas de pouvoir agir contre les tireurs & en-doſſeurs ; ces tireurs & endoſſeurs pour-ront lui oppoſer la preſcription.

Si le propriétaire de la lettre avoit obtenu ſentence de condamnation, ſeroit-il recevable à en poursuivre l'exécution cinq ans après ? je le pense ; car la sentence est un nouveau titre que le porteur a acquis contre la partie qui y est condamnée, lequel n'est sujet qu'à la prescription ordinaire de trente ans, & non point à celle de cinq ans établie par cet article ; il est dit que les lettres de change seront reputées acquittées après cinq ans ; mais il n'est rien dit de semblable des sentences de condamnation intervenues sur lesdites lettres.

203. Cette prescription n'étant fondée que sur une présomption de payement, il suit de-là que le propriétaire de la lettre, qui forme son action après le temps de la prescription, peut déférer le serment décisoire au défendeur ; c'est ce que décide l'Ordonnance en l'article cité, il est dit : *Les prétendus débiteurs feront tenus d'affirmer, s'ils en font requis, qu'ils ne font plus redevables ;* par exemple, si c'est l'accepteur qu'il a assigné, cet accepteur doit jurer qu'il a acquitté la dette ; si c'est le tireur, le tireur doit jurer qu'il a remis les fonds.

L'Ordonnance permet même de déférer ce serment aux veuves, héritiers & autres successeurs ; il est vrai que ces personnes ne font pas tenues de jurer précisément que la lettre a été acquittée, ne pouvant pas avofr toujours connoiſſance d'une choſe qui eſt du fait du défunt, & non du leur; mais elles doivent au moins jurer qu'*elles eſtiment de bonne foi qu'il n'eſt plus rien dû*; c'eſt ce que porte l'Ordonnance.

204. Il nous reſte à obſerver ſur cette preſcription, que le temps en eſt réglé autrement que par l'Ordonnance à l'égard des lettres qui ſont payables aux paye-mens de Lyon; car, ſuivant le réglement de 1664, *art.* 10, elles ſont préſumées acquittées au bout d'un an depuis l'échéance, à l'égard des domiciliés porteurs de billets en la place, & au bout de trois ans, à l'égard des autres perſonnes, ſans qu'on puiſſe, au bout de ce temps d'un an ou de trois ans, en demander le payement à l'accepteur, ſi on ne juſtifie de diligences contre lui faites.

205. L'Ordonnance en l'article 20 audit titre, a établi une autre eſpece de preſcription en faveur de ceux qui ſe rendent cautions *pour l'événement des lettres de change*, ſoit pour le tireur, ſoit pour un endoſſeur, ſoit pour l'accepteur; elle veut que ces cautions ſoient déchargées de plein droit après trois ans, à compter du jour des dernieres pourſuites faites par le créancier de la lettre.

L'Ordonnance s'expliquant en général

des cautions, elle doit s'étendre à toutes les cautions, soit qu'elles se soient obligées sur la lettre de change, soit par acte séparé.

206. Le but de ces prescriptions de cinq ans & de trois ans, étant d'empêcher toutes vielles recherches, elles courent contre les absents comme contre les présents, & même contre les mineurs. *Ord. de 1673, Tit. 5, art. 22.*

Sur la question si elles excluent le créancier de la lettre de change, non-seulement du droit d'action, mais même du droit d'opposer sa créance en compensation; *Voyez* notre Traité des Obligations, *n.* 642.

********:*:*******

SECONDE PARTIE.

*Des Billets de Change, Billets à Ordre ,
au Porteur , & autres Billets de Commerce.*

ARTICLE PREMIER.

Des Billets de Change.

207. LE billet de change est celui qui
est fait en exécution du contrat
de change.

Il suit de cette définition qu'aucun billet
ne doit être reputé de change , si ce n'est
pour lettres de change qui auront été
fournies , ou qui le devront être. *Ord.
de 1673. Tit. 5. art. 27.*

§. I.

Des différentes especes de Billets de Change.

208. Il y a deux especes de billets de
change ; la premiere est de ceux ponr
lettres de change fournies : c'est un billet
par lequel quelqu'un s'oblige envers un
autre à lui payer une certaine somme pour

le prix des lettres de change qu'il lui a fournies.

L'Ordonnance, *art.* 28. prescrit une certaine forme à ces billets ; elle veut qu'ils contiennent 1°. la déclaration des lettres de change fournies, pour le prix desquelles le billet est fait ; 2°. qu'il soit exprimé dans les billets sur qui elles ont été tirées ; 3°. quel est celui qui est déclaré par ces lettres en avoir payé la valeur ; 4°. en quoi la valeur est déclarée par ces lettres avoir été payée, si c'est en deniers, marchandises, ou autres effets.

L'Ordonnance exige ces déclarations dans le billet de change, *à peine de nullité*, ce qui ne signifie pas que le billet dans lequel quelqu'une de ces déclarations aura été omise, sera absolument nul, & que le débiteur qui l'a souscrit pourra se dispenser de le payer, ce qui seroit contraire à la bonne foi ; mais cela signifie seulement que le billet sera nul comme billet de change, & qu'il ne vaudra que comme un billet ordinaire.

L'Ordonnance exige ces formalités dans les billets de change pour assurer la vérité du billet, & pour empêcher qu'on ne tire des intérêts usuraires d'un débiteur pour simple prêt d'argent sous le nom de droit de change, en lui faisant souscrire un billet faussement causé pour lettres de change fournies.

209. La seconde espece de billets de change, est celle de billets pour lettres de change à fournir.

Un billet de change pour lettres de change à fournir, est celui par lequel quelqu'un s'oblige envers un autre à lui fournir des lettres de change sur tel lieu pour la valeur qu'il lui en a fournie.

L'Ordonnance, *art.* 29, exige dans les billets de change de cette seconde espece ces formalités; 1°. qu'ils fassent mention du lieu où doivent être tirées les lettres de change que celui qui souscrit le billet s'oblige de fournir; 2°. qu'ils contiennent une déclaration de la valeur qu'il en a reçue; 3°. qu'ils fassent mention de la personne de qui il l'a reçue.

Ces trois formalités se trouvent dans ce style dans lequel ces billets sont ordinairement conçus; *J'ai reçu d'un tel la somme de.. comptant,* (ou bien) *en marchandises qu'il m'a fournies, pour laquelle somme je promets lui fournir lettre de change payable en telle ville à telle échéance.*

L'Ordonnance exige ces formalités, *à peine de nullité,* c'est-à-dire, que si quelqu'une avoit été omise, le billet ne vaudroit pas comme billet de change, mais vaudroit seulement comme simple billet qui donneroit seulement au créancier, à défaut par celui qui l'a souscrit de fournir

les

les lettres, le droit d'exiger de lui la somme
& les intérêts du jour de la demande, &
non pas celui de prendre à ses risques de
l'argent à rechange, ni celui de la contrainte par corps.

Ces formalités sont exigées pour assurer que l'intention, tant de la partie qui
a souscrit le billet, que de celle au profit
de laquelle il est fait, a été effectivement
de faire un contrat de change, & non
pas un simple prêt déguisé en contrat de
change.

210. On peut imaginer une troisieme
espece de billets de change qui réuniroit
les deux autres especes, & seroit tout à
la fois & pour lettres de change fournies,
& pour lettres de change à fournir. Tel
seroit un billet conçu de cette maniere :
Je reconnois qu'un tel m'a fourni une lettre
de change de tant... sur un tel, d'un tel
lieu, payable à telle échéance, en laquelle
il est déclaré que j'en ai payé la valeur
comptant, quoique je ne l'aye pas payée,
& pour laquelle valeur je promets fournir
audit tel une lettre de change d'une telle
somme sur un tel d'un tel autre lieu, paya-
ble à telle échéance.

Pour qu'un tel billet soit valable, est-il
nécessaire absolument qu'il réunisse les
formalités de l'une & de l'autre espece ?
Je pense qu'il doit être valable comme

billet de change, pourvu qu'il contienne la forme entiere de l'une des deux especes ; car je suppose par exemple qu'il manque quelque chose de ce que l'article 29 demande pour les billets pour lettres de change à fournir ; il s'ensuivra seulement qu'il ne pourra pas valoir comme billet pour lettres de change à fournir ; mais renfermant tout ce que l'article 28 requiert pour les billets pour lettres fournies, il vaudra au moins comme billet pour lettres fournies, ce qui suffit pour qu'il vaille comme billet de change.

§. II.

De la négociation des Billets de change & des actions qui résultent de cette négociation.

211. Les billets de change sont ordinairement faits payables à l'ordre de celui au profit duquel ils sont faits ; mais ce n'est pas ce qui constitue leur essence & le caractere de billet de change ; car un billet pour lettre de change fournie, ou à fournir, n'en est pas moins billet de change, quoiqu'il ne soit pas *à ordre*, & soit payable déterminément à celui au profit de qui il est souscrit, & *contrà vice versâ*, il y a des billets à ordre qui ne sont pas billets de change.

La feule chofe qui conftitue l'effence du billet de change, c'eft qu'il ait ou pour caufe, ou pour objet une lettre de change, comme nous l'avons vu au commencement.

Lorfque ces billets de change font payables à ordre, ils fe négocient ou s'endoffent de même que les lettres de change; mais s'ils ne font pas payables à ordre ou au porteur, ils font cenfés toujours appartenir au particulier nommé par le billet au profit duquel il eft fait.

212. L'endoffement des billets de change qui font à ordre, a le même effet que celui des lettres de change; il transfere de plein droit & fans aucune fignification, la propriété du billet de change à celui au profit de qui l'endoffement eft fait, & l'endoffeur s'oblige envers lui à lui faire recevoir ce qui eft porté par le billet.

De cette obligation naît un action en recours, que le propriétaire du billet de change a contre l'endoffeur en cas de refus par le débiteur du billet, de payer à l'échéance.

Le propriétaire du billet de change, de même que le propriétaire d'une lettre de change *celeritate conjungendarum actionum* peut exercer cette action en recours, non-feulement contre le dernier endoffeur du billet qui a paffé l'ordre à fon profit, mais solidairement contre tous les précédens.

Ces actions qu'a le propriétaire d'un billet de change contre les endosseurs sont semblables à celles qu'a le propriétaire d'une lettre de change contre les endosseurs & le tireur ; elles ont toutes les mêmes avantages, & sont sujettes aux mêmes fins de non-recevoir & prescriptions.

213. Mr. Jousse en son Commentaire sur l'art. 31 du Tit. 5 de l'Ordonnance de 1673, observe une seule différence à l'égard de ce recours entre le billet de change & la lettre de change, sçavoir qu'en cas de refus par le débiteur du billet de change de payer à l'échéance, le porteur du billet n'est pas obligé pour pouvoir exercer son recours de faire un acte de protêt, comme est obligé le porteur d'une lettre de change ; il lui suffit de faire constater par une simple sommation faite au débiteur, son refus de payer la somme portée au billet, ou de fournir les lettres de change qu'il s'est obligé par le billet de fournir.

Cette distinction me paroît avoir son fondement dans l'Ordonnance de 1673 ; car l'art. 4 du Tit. 5 de cette Ordonnance qui ordonne le protêt, ne parle que des lettres de change, *les porteurs de lettres ;* & dans les articles 31 & 32, où il est parlé des billets, il n'est point dit que le porteur du billet sera tenu de faire un protêt en cas de refus de paiement ; il est seulement dit que *le porteur d'un billet negocié sera tenu de faire ses diligences.* Néanmoins j'ai oui dire à des Négocians qu'il étoit d'usage de protester les billets de change de même que les lettres de change ; mais je ne crois pas qu'un porteur qui ne se seroit pas conformé à ce prétendu usage, & qui au lieu de protêt se seroit contenté de faire une sommation au débiteur, fût pour cela déchu de son recours de garantie contre les endosseurs du billet ; l'Ordonnance ne requérant que des *diligences,* sans déterminer quelle espece de diligence, & ne requérant pas spécialement un protêt, le porteur ne peut y être assujetti ; car en fait de formalités, on ne peut être tenu qu'à ce que la loi oblige.

Le porteur du billet de change doit faire cette diligence contre le débiteur du billet dans les dix jours, à compter du lendemain de l'échéance, icelui compris, *art.* 31.

Après avoir fait ses diligences, il doit *les signer à celui qui aura signé le billet, ou l'ordre* c'est-à-dire aux endosseurs & cautions, & donner contr'eux l'assignation en garantie dans les mêmes délais preſcrits pour les lettres de change dont nous avons parlé, *Part. 1, ch. 5, art. dern.* C'eſt la diſpoſition de l'*art.* 32.

Si le billet n'avoit été endoſſé au profit du porteur qu'après l'expiration du terme fatal de dix jours depuis l'échéance du billet, Bornier prétend qu'il n'y auroit en ce cas aucun tems fatal dans lequel le porteur pût être obligé de faire des diligences contre le débiteur du billet pour avoir recours contre l'endoſſeur ; mais on m'a aſſuré que cette opinion de Bornier n'étoit pas ſuivie , & que le porteur étoit tenu de les faire dans un tems laiſſé à l'arbitrage du Juge, dans lequel elles peuvent être faites. On peut tirer argument de ce qui a été dit *ſuprà N.* 141, à l'égard des lettres de change.

§. III.

De l'action contre le Débiteur du Billet.

214. Le billet de change produit une action contre celui qui l'a ſubi , laquelle le ſoumet à la Juriſdiction Conſulaire & à la contrainte par corps; car elle naît du contrat de change.

Ces billets de change , de meme que les lettres de change : ſont préſumées acquittées après cinq ans depuis leur échéance, s'il n'a été fait aucune pourſuite; ou depuis la derniere s'il en a été fait, *art.* 21. Après ce téms le créancier eſt non-recevable à en demander le payement tant au débiteur qu'aux endoſſeurs, & il ne lui reſte plus que le droit de déférer le ſerment déciſoire au débiteur, de même qu'à l'égard des lettres de change.

§. I V.

Des Billets payables à domicile.

215. Ces billets ſont d'une nouvelle invention, & ſont d'un grand uſage aujourd'hui dans le commerce.

On peut définir le billet à domicile, un billet par lequel je m'oblige de vous payer, ou à celui qui aura ordre de vous, une certaine ſomme dans un certain lieu, par le miniſtere de mon correſpondant, à la place de celle ou de la valeur que j'ai reçue ici de vous, ou que je dois recevoir.

Il réſulte de cette définition que ce billet renferme le contrat de change, de même que la lettre de change, & qu'il eſt de même nature.

Il differe néanmoins dans ſa forme de la lettre de change : au lieu que dans la lettre de change, celui fur qui elle eft tirée doit l'accepter, & en devient par fon acceptation le débiteur, & celui qui l'a fournie en eft feulement le garant ; au contraire, lorfque j'ai donné à quelqu'un un billet payable à domicile, j'en fuis le feul débiteur ; mon correfpondant , au domicile duquel je promets le payer , n'eft qu'une perfonne que j'indique, par le miniftere de laquelle je dois faire ce paiement ; c'eft pour cela que ces billets ne fe font pas accepter par celui au domicile duquel ils font payables.

Ces billets entre Marchands & Traitans donnent au propriétaire du billet , lorf-qu'il n'eft pas acquitté , les mêmes droits contre ceux qui l'ont fourni que donnent les lettres de change , & l'obligent aux mêmes diligences prefcrites par l'art. 31 du Tit. 5 de l'Ordonnance ci-deffus citée.

A R T I C L E I I.

De quelques autres efpeces de Billets.

§. I.

Des Billets à Ordre.

216. Les billets à ordre font ceux par lefquels quelqu'un promet à un autre de

payer quelque chose à lui ou A SON ORDRE, c'est-à-dire, à celui à qui il aura passé son ordre au dos du billet.

Ces billets ont cela de propre qu'ils se négocient de la même maniere que nous avons vu que se négocient les lettres de change & billets de change, lorsque ces lettres & billets de change sont faits à ordre, & en cela ils different des simples billets.

De là naissent les differences qui suivent entre les simples billets & les billets à ordre.

Premiere différence.

217. Le droit d'un simple billet ne peut passer à un autre que par un acte de transport qui soit signifié au débiteur du billet par le cessionnaire. Jusqu'à cette signification le cédant, nonobstant le transport, demeure toujours propriétaire du billet & de la créance qu'il renferme : cette créance peut en conséquence, nonobstant ce transport, tant qu'il n'est pas signifié, être saisie & arrêtée par ses créanciers ; le paiement peut lui en être valablement fait par le débiteur.

Au contraire, lorsque le propriétaire d'un billet à ordre a passé au dos du billet son ordre au profit d'un autre pour valeur reçue de lui comptant ou en marchandises, celui au profit de qui l'ordre

K v

est ainsi passé est fait propriétaire & est
saisi du billet incontinent, & celui qui lui
en a passé l'ordre en étant désaisi, le payement n'en peut plus être fait à celui qui
a passé l'ordre, & il ne peut plus être saisi
par ses créanciers.

Il faut pour cela que le billet exprime
en quoi la valeur a été fournie ; y ayant
même raison de requérir cette forme dans
les billets à ordre, que dans les lettres de
change & billets de change. C'est l'avis
de Savary, *Par.* 57, *q.* 2.

Seconde différence.

218. Une seconde différence entre la
cession ou transport d'un simple billet, &
la cession & transport que renferme l'endossement d'un billet à ordre, est que le
transport d'un simple billet, lorsque le
cédant ne s'oblige pas par une clause spé-
ciale à le fournir & faire valoir bien
payable, n'oblige le cédant à d'autre garantie, sinon que le contenu au billet lui
est dû, & ne l'oblige point à la garantie
de la solvabilité du débiteur. *L.* 4, *ff. he-
red. & act. vend.* Au contraire le transport
que renferme l'endossement d'un billet
à ordre renferme aussi une obligation de
la part de celui qui a passé son ordre de
procurer le payement du billet à celui à
qui il a passé son ordre & qui lui a payé
la valeur.

Tr fieme différence.

219. Il n'y a aucun temps fatal dans lequel le ceffionnaire d'un fimple billet à qui on a garanti la folvabilité du débiteur, foit obligé de faire fes diligences contre le débiteur pour pouvoir exercer fon ac- tion de garantie : ce tems eft laiffé *arbitrio boni viri.*

Au contraire il y a un tems réglé dans lequel les porteurs d'un billet à ordrè doi- vent faire leur diligence contre le débi- teur du billet, pour qu'ils puiffent exer- cer leur recours ; & ce tems eft comme pour les billets de change de dix jours, à compter du lendemain de l'échéance, lorfque le billet eft pour prêt d'argent, & de trois mois, s'il eft pour marchandifes ou autres effets. *Ordonnance de* 1673, *Tit.* 5, *art.* 31.

Ces trois mois font de trente jours cha- cun, quoique les mois aient plus ou moins de jours : tel eft l'ufage de compter les mois en matiere de commerce, fuivant qu'il réfulte de l'*art.* 5.

Lorfque le billet n'exprime pas fi c'eft en argent ou en marchandifes que la va- leur a été fournie, pour décider fi les diligences faites après les dix jours, mais dans les trois mois, ont été faites à tems, les Juges doivent admettre la preuve du fait, ſi c'eſt en deniers ou en marchandiſes que la valeur du billet a été fournie ; & cette preuve peut ſe faire par les livres. C'eſt l'avis de Savary en ſon *Parer.* 84.

Eſt-ce l'endoſſeur ou le porteur du billet qui doit être chargé de faire cette preuve ? Je penſe que c'eſt l'endoſſeur ; la raiſon eſt, que c'eſt à la partie qui oppoſe une fin de non-recevoir à la fonder, ſuivant ce principe, *reus excipiendo fit actor.* C'eſt donc à l'endoſſeur qui oppoſe contre la demande en garantie du porteur, la fin de non-recevoir réſultante de ce que les diligences n'ont pas été faites à tems, à juſtifier qu'elles n'ont pas été effectivement faites à temps ; & par conſéquent c'eſt à lui à juſtifier que la valeur du billet a été fournie en deniers, parce que c'eſt de ce fait que dépend la queſtion, ſi elles ont été faites à temps.

220. Le porteur du billet à ordre doit auſſi dénoncer ſes diligences aux endoſſeurs dans le délai réglé pour ſla lettre de change, à peine de déchéance de ſon action de garantie.

Le Commentateur de l'Ordon. de 1673. prétend que l'art. 32. du tit. 5 de cette Ordonnance qui ordonne cette dénonciation doit s'entendre à cet égard de tous les billets à ordre, quoiqu'il ne parle que des billets de change, étant relatif au précédent qui comprend expressément tous les billets à ordre.

Au contraire le cessionnaire, par transport d'un simple billet, n'est point obligé à cette dénonciation de diligences dans le temps de l'Ordonnance.

221. Les billets à ordre qui ne sont point billets de change, different aussi des billets de change.

Premiere différence.

La premiere & principale différence est en ce que celui qui a subi un billet de change pour lettres fournies peut s'obliger valablement à payer pour droit de change quelque chose au-delà de la somme portée par les lettres qui lui ont été fournies, pourvu que cela n'excede pas ce que les lettres gagnent sur l'argent dans le lieu & au temps où elles lui ont été fournies ; au lieu que le débiteur d'un simple billet à ordre ne peut valablement s'obliger à payer autre chose que la somme qu'il a reçue ; & les intérêts n'en sont dûs que du jour de la demande qui lui en est faite en Justice : toute autre chose qu'on exigeroit de lui seroit un intérêt usuraire qui devroit s'imputer sur le principal.

Seconde différence.

222. Le paiement des simples billets à ordre ne s'exige que par les voies ordinaires, comme celui des simples billets,

lorfque celui qui l'a fubi n'eft ni Marchand, ni Banquier, ni Financier par état.

A l'égard des Marchands & des Banquiers qui font à cet égard réputés Marchands, ils font contraignables par corps pour le payement des billets qu'ils fubiffent *pour valeur reçue comptant, ou pour valeur en marchandifes*, foit que ces billets foient à ordre, foit qu'ils ne le foient pas. *Ordonnance de 1673, Tit. 5, art. 1.*

On a même jugé par Arrêt de 1684, rapporté en entier par Bornier, que les billets des Marchands pour valeur *reçue*, quoique le mot *comptant* n'y fût pas exprimé, étoient payables par corps ; lequel Arrêt fut rendu fur l'avis de plufieurs Banquiers qui attefterent à la Cour que dans l'ufage du commerce on ne faifoit pas de différence entre les billets pour *valeur reçue comptant*, & ceux pour *valeur reçue* fimplement.

La raifon de cette contrainte par corps eft que ces fortes de billets font préfumés faits par les Marchands pour les affaires de leur commerce.

La Déclaration du Roi de 1692 a étendu cette difpofition de l'Ordonnance de 1673 à tous les Receveurs de deniers royaux, traitans, fous-traitans & autres intéreffés dans les affaires du Roi, & a ordonné qu'en conféquence toutes ces perſonnes fuſſent ſujettes à la contrainte par corps pour leurs billets ſubis pour valeur reçue.

Le motif de la loi eſt afin qu'ils puiſſent trouver plus facilement de l'argent pour les affaires du Roi.

§. II.

Des Billets en blanc, & des Billets payables au Porteur.

223. Les billets en blanc étoient des billets portant promeſſe de payer une certaine ſomme à une perſonne dont le nom étoit laiſſé en blanc dans le billet que le porteur du billet, lorſqu'il ne vouloit pas être connu, rempliſſoit de quel nom il vouloit.

Comme on ſe ſervoit de ces billets pour couvrir des uſures & des fraudes, ils furent défendus par des Arrêts de Réglemens de la Cour du 7 Juin 1611, & du 26 Mars 1624.

224. A ces billets ont ſuccédé les billets payables au porteur. On appelle billets payables au porteur, des billets portant promeſſe de payer une certaine ſomme au porteur du billet ſans aucune déſignation de la perſonne du créancier qui en a fourni la valeur.

Comme ces billets étoient souvent employés pour servir aux mêmes fraudes
auxquelles on faisoit servir auparavant
les billets en blanc, & qu'ils étoient sur-
tout employés dans les banqueroutes frau-
duleuses, dans lesquelles on faisoit paroître des créanciers supposés qui produi-
soient pour titre de créance de ces sortes
de billets, l'usage en fut défendu par
l'Edit de Mai 1716; mais par la Déclaration du Roi du 21 Janvier 1721, l'usage
en a été rétabli, & il a été ordonné que
tous Négocians, Marchands & gens char-
gés du recouvrement & maniement des
deniers du Roi, qui auront souscrit des
billets payables au porteur pour valeur
reçue comptant, ou en marchandises,
soient contraignables par corps au paiement, & que la connoissance en appar-
tienne aux Consuls.

ARTICLE III.

Des Rescriptions.

225. Une rescription est une lettre
par laquelle je mande à quelqu'un de
payer ou de compter pour moi à un tiers
une certaine somme,

Suivant cette définition les lettres de
change sont une espece de rescription ;

mais comme elles ont le nom de lettres de change qui leur eſt propre, on n'entend pas ordinairement par le terme *de reſcrip-tion* les lettres de change qui ſe font en conſéquence d'un contrat de change d'argent entre la perſonne qui fournit la lettre & celle à qui elle eſt fournie, mais les autres eſpeces de reſcriptions qui n'ont d'autre objet que d'acquitter une dette ou de faire un prêt d'argent, & leſquelles quoiqu'elles aient la même figure, & qu'elles ſoient conçues dans les mêmes termes que la lettre de change, en ſont entiére-ment différentes.

§. I.

Des Reſcriptions pour acquitter une dette.

226. La principale eſpece de reſcrip-tion eſt celle par laquelle un débiteur mande à quelqu'un de payer une certaine ſomme pour lui à ſon créancier, entre les mains duquel il remet à cet effet la reſcription.

C'eſt ce qu'on appelle *adſignatio.* Cette eſpece d'affaire ſe paſſe entre trois per-ſonnes. 1°. Le débiteur, *adſignans* qui indique à ſon créancier une perſonne de qui il recevra une certaine ſomme qu'il lui doit. 2°. La perſonne qu'on indique au créancier pour recevoir d'elle la somme *adsignatus*. 3°. Le créancier à qui on fait assignation *adsignatarius*.

La personne indiquée, *adsignatus* est ordinairement quelqu'un des débiteurs de l'indiquant, mais ce peut être aussi quelqu'un de ses amis qui sans être son débiteur, veut bien avancer cette somme pour lui.

227. Cette affaire renferme deux contrats de mandat ; l'un par lequel l'indiquant mande à la personne indiquée de payer pour lui à son créancier la somme portée par la prescription ; l'autre par lequel le même indiquant mande à son créancier de recevoir de la personne indiquée la somme portée par la rescription pour la retenir en payement de ce qui lui est dû.

La personne indiquée contracte, consomme & exécute en même-tems le premier mandat en acquittant la rescription, & ne s'oblige à autre chose *actione mandati directâ* envers l'indiquant, qu'à lui remettre la rescription quittancée par son créancier pour lui servir de quittance envers lui ; & l'indiquant est de son côté obligé *mandati actione contrariâ* à donner à l'indiqué qui lui remet sa rescription acquittée, quittance d'autant s'il est son débiteur, ou à lui rendre la somme s'il ne l'étoit pas.

228. Par ce second mandat qui se contracte entre l'indiquant & son créancier à qui l'indication est faite, ce créancier qui est le mandataire, n'est obligé à autre chose *actione mandati directâ* qu'à recevoir le montant de la rescription & à en donner quittance au bas à l'indiquant ; & comme le mandat s'exécute sans que le mandataire fasse pour cela aucuns frais, il ne produit aucune *action contraire de mandat.*

229. Ce créancier de l'indiquant porteur de la rescription n'est obligé à aucunes diligences contre la personne indiquée , il ne peut même faire contr'elle aucunes poursuites pour le payement ; la rescription ne lui donne pouvoir que de recevoir, & non pas d'exiger.

C'est pourquoi le créancier en exposant que la personne indiquée a fait refus de le payer , & en offrant de remettre à son débiteur la rescription qu'il lui avoit donnée , peut exiger de lui le payement de ce qu'il lui doit , comme s'il ne lui avoit point donné la rescription.

Il n'y a même aucun tems dans lequel il soit précisément tenu de se présenter à la personne indiquée, pour recevoir le montant de la rescription. Néanmoins s'il avoit laissé passer un tems considérable, lequel doit s'estimer *arbitrio judicis*, & que pendant ce tems , la perfonne indiquée fût devenue infolvable ; il paroît qu'il doit être tenu de cette infolvabilité ; car s'étant chargé de recevoir cette fomme en prenant la refcription , il eft tenu des dommages & intérêts que fouffre le mandant de ce qu'il n'a pas exécuté le mandat , & n'eft pas allé recevoir la fomme de la perfonne indiquée , pendant qu'elle pouvoit payer comme il s'en étoit chargé.

Mais tant que la chofe eft entiere , & que la perfonne indiquée eft folvable , le créancier porteur de la refcription , peut fe décharger de l'obligation d'aller recevoir la refcription , en offrant de la rendre à fon débiteur qui la lui a donnée ; car c'eft un principe en fait de mandat , que le mandataire peut fe décharger de l'obligation de l'exécuter , en renonçant au mandat , lorfqu'il fait cette renonciation à tems & que le mandant peut faire par lui-même ou par un autre l'affaire dont il s'étoit chargé : *renuntiari (mandato) ita poteft ut integrum jus mandatori refervetur , vel per fe vel per alium eamdem rem commodè explicandi* , L. 22. §. 1. ff. mand.

230. Lorfque le débiteur indiqué fouf-crit la refcription & s'engage de l'acquit-ter , il n'eft pas pour cela libéré envers l'indiquant, ni l'indiquant libéré envers fon

créancier à qui il a donné fa refcription ;
& en cela la fimple indication *adfignatio*
differe de la vraie délégation ; car dans
la délégation, lorfqu'un débiteur *animo*
novandi a délégué à fon créancier fon
débiteur pour le payer en fa place , &
que le débiteur délégué, en conféquence
de la délégation, s'eft obligé envers ce
creancier, lequel *animo novandi* l'a accepté pour fon débiteur , la créance que
le déléguant avoit contre fon débiteur ,
par lui délégué eft éteinte , & celle que
le créancier avoit contre le déléguant l'eft
pareillement , & il ne refte plus que la
nouvelle créance qu'il acquiert contre le
débiteur délégué qui s'eft engagé de le
le payer.

231. Le débiteur indiqué qui accepte la refcription , l'accepte comme débiteur de l'indiquant , & ne s'oblige de
la payer au porteur de la refcription qu'autant & de la maniere qu'il pourroit y être
obligé envers l'indiquant fon créancier.

C'eft pourquoi, fi d'autres créanciers
de l'indiquant arrêtoient entre les mains
du débiteur indiqué, ce qu'il doit à l'indiquant, le débiteur indiqué nonobftant
l'acceptation qu'il auroit faite de la refcription, ne pourroit être obligé à payer
le porteur de la refcription qu'il ne fe fut
fait régler avec les autres créanciers arrêtans.

Sur la contestation qu'il pourra y avoir à cet égard entre ces créanciers arrêtans, & le porteur de la rescription acceptée ; si ces créanciers de l'indiquant ont un privilége sur la dette arrêté, comme si le débiteur arrêté est débiteur pour loyers de maison & que les arrêtans soient créanciers d'arrérages de rente foncière dont cette maison est chargée, ou pour réparations qu'ils y ont faites ; ils seront préférés au porteur de la rescription dont la créance n'a point de privilege. S'ils ne sont point créanciers privilégiés ni les uns ni les autres ; comme l'acceptation de la rescription équipolle à arrêt de la part du porteur de la rescription, si l'autorité de la date de ce cette acceptation à celle des arrêts des autres créanciers est constatée par le contrôle, ou par le décès du débiteur indiqué qui l'a souscrite, le porteur de la rescription sera préféré comme premier arrêtant ; sinon l'acceptation n'ayant de date vis-à-vis les autres créanciers qui font des tiers, que du jour qu'elle leur est représentée ; ces autres créanciers seront préférés au porteur de rescription. Néanmoins en l'un & l'autre cas si le débiteur commun étoit en déconfiture, ils viendroient tous par contribution au sol la livre, après les privilégiés s'il y en avoit.

En cela l'indication differe de la délégation ; car le créance qu'avoit le déléguant
contre la débiteur qu'il a délégué à son
créancier, étant éteinte par la délégation
comme nous l'avons vu ; il s'en suit
qu'elle ne peut plus être arrêtée par les
créanciers du déléguant sur le débiteur
délégué ; car ce qui n'existe plus ne peut
pas être arrêté.

L'indication differe aussi en cela du
transport, car la créance transportée ces-
sant d'appartenir au cédant par la signification ou l'acceptation du transport,
elle ne peut plus dorénavant être arrêtée par ces créanciers, qui n'ont pas droit
d'arrêter ce qui n'appartient plus à leur
débiteur.

Elle differe aussi en cela de la lettre de
change, car après que le débiteur du tireur sur qui elle est tirée l'a acceptée, les
créanciers du tireur ne peuvent arrêter
la somme que l'accepteur s'est obligé de
payer pour le tireur, comme nous l'a-
vons vu.

232. L'acceptation que fait de la rescription le débiteur indiqué, donne bien
au porteur de la rescription une action
pour se faire payer de la rescription, mais
elle ne l'oblige pas d'user de cette action,
& à faire des poursuites contre le débiteur indiqué, car il ne s'est chargé que

de recevoir , & non pas d'exiger ; c'eſt pourquoi il peut en rendant la reſcription *tempore congruo* , ſe faire payer par ſon propre débiteur.

233. Il nous reſte à obſerver que l'indication de payer qui ſe fait par une reſcription que le débiteur indiquant donne à ſon créancier ſur la perſonne indiquée , ne conſiſtant comme nous l'avons vu que dans des mandats , & étant de la nature des mandats d'être révocables *re integrâ* ; il ſuit de-là que ces reſcriptions peuvent être révoquées par l'indiquant , tant qu'elles n'ont point été acquittées , & qu'après cette révocation notifiée à la perſonne indiquée , elle ne doit pas payer au porteur de la reſcription.

§. II.

Des Reſcriptions pour cauſe de Prêt ou de Donation, & des Lettres de Crédit.

234. Les reſcriptions peuvent être d'uſage pour les prêts & les donations. Je veux prêter à quelqu'un une ſomme d'argent , ou je veux la lui donner ; n'ayant pas chez moi cette ſomme , je lui donne une reſcription adreſſée à quelqu'un de mes débiteurs ou à quelqu'un de mes

amis

amis qui voudra bien l'avancer pour moi
par laquelle je lui marque de vouloir bien
compter cette fomme à la perfonne dénommée en la refcription.

La refcription que je donne à celui à
qui je veux prêter une fomme d'argent,
contient comme celle dont nous avons
parlé au paragraphe précédent, un mandat par lequel *le refcrivant* charge celui
à qui la refcription eft adreffée de compter pour lui la fomme à la perfonne dénommée en la refcription, lequel mandat
fe contracte lorfque la perfonne à qui la
refcription eft adreffée l'acquitte, ou du
moins fe charge de l'acquitter.

Mais il n'y a pas ordinairement un fecond mandat comme dans l'efpece du paragraphe précédent qui intervienne entre celui à qui je donne la refcription &
moi, par laquelle il fe charge envers moi
d'aller recevoir cette fomme. Dans l'efpece précédente, c'eft pour me faire
plaifir, & pour ne me pas faire tirer à la
bourfe que mon créancier reçoit de moi
une refcription de la fomme que je lui
dois fur mon débiteur; on ne peut pas ne
pas reconnoître en cela un mandat par lequel il fe charge envers moi d'aller recevoir cette fomme; mais dans cette efpe-
ce-ci où je donne à un de mes amis qui me
prie de lui prêter une fomme d'argent,

une refcription pour l'aller recevoir d'un de mes débiteurs ; cet ami ne fe charge pas précifément de l'aller recevoir de mon débiteur. Il ne fe propofe de la recevoir qu'autant que le befoin qu'il a d'argent l'exigera, & non dans le cas auquel fon befoin cefferoit. Ce n'eft point comme dans l'efpece précédente pour mon intérêt que je lui remets la refcription ; ce n'eft au contraire que pour le fien, pour qu'il puiffe recevoir cette fomme dont il a befoin ; il n'intervient donc point entre nous aucun contrat de mandat ; car le mandat fe contracte *mandantis gratiâ* : ce n'eft point un mandat, *fi tuâ tantum gratiâ tibi mandem. L. 2. ff. mand.*

S'il paroiffoit néanmoins par les circonftances, que celui à qui j'ai donné une refcription de la fomme qu'il m'a prié de lui prêter fe fût précifément chargé de l'aller recevoir de mon débiteur, & que j'euffe eu des raifons pour l'en charger, *putà* parce qu'on ne trouvoit pas facilement des occafions de tirer de l'argent du lieu où demeure mon débiteur & où la dette eft payable, il feroit en ce cas intervenu entre nous un contrat de mandat, & celui à qui j'ai donné la refcription contracteroit les mêmes obligations que dans l'efpece précédente.

235. A l'égard du cas auquel je donne-

rois à quelqu'un une reſcription pour recevoir de mon débiteur à qui elle eſt
adreſſée, une ſomme dont je veux lui
faire donation : il n'eſt pas douteux qu'en
ce cas il n'y a qu'un ſeul mandat dont je
charge celui à qui ma reſcription eſt
adreſſée, & qu'on ne peut ſuppoſer un
ſecond mandat entre celui à qui j'ai donné la reſcription & moi, par lequel je le
chargeois de recevoir cette ſomme ; car
dès qu'on ſuppoſe, que je lui donne la
reſcription pour qu'il garde la ſomme à
titre de donation, il a ſeul intérêt de la
recevoir, je n'ai plus aucun intérêt qu'il
la reçoive ; or, comme nous l'avons déja
dit, il n'y a point de mandat d'une choſe qui ne concerneroit que le ſeul intérêt
de mandataire, *ſi tuâ tantum gratiâ tibi
mandem, ſupervacuum eſt mandatum, &
ob id nulla ex eo obligatio naſcitur. L. 2.
ff. mandat.*

Obſervez que la donation que j'entends
lui faire en lui donnant cette reſcription,
n'eſt parfaite que par le payement qui lui
en eſt fait : juſques-là je peux changer de
volonté & donner des ordres contraires
à celui à qui la reſcription eſt adreſſée.

§. I I I.

Des Lettres de Crédit.

236. Il y a une eſpece de reſcription

qu'on appelle lettre de crédit, par laquelle un Marchand ou Banquier mande à son correspondant dans un autre lieu de compter à la personne dénommée dans la lettre, l'argent dont il témoigne avoir besoin.

On donne ces sortes de lettres de crédit à des personnes qui voyagent, pour qu'elles n'ayent pas la peine de porter trop d'argent avec elles. Ces lettres sont quelquefois illimitées, quelquefois limitées à une certaine somme.

Elles ne contiennent qu'un seul mandat, par lequel celui qui a écrit la lettre, charge celui à qui elle est adressée de compter la somme à la personne dénommée.

Le porteur de la lettre n'est point censé se charger de recevoir : il n'use de la lettre que selon son besoin & autant que bon lui semble ; & il ne contracte d'obligation qu'en recevant l'argent, qui est l'obligation du contrat de prêt, qui se fait par la numération qui lui est faite de l'argent.

F I N.

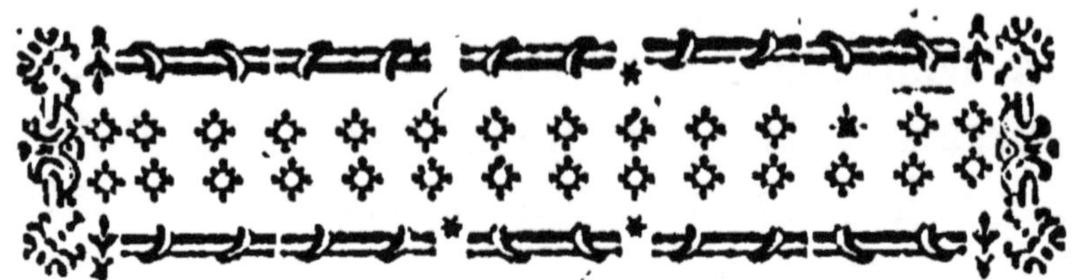

TABLE
DES MATIERES,

PAR ORDRE ALPHABETIQUE.

A

ACCEPTATION. Ce que c'eſt, pag. 15.

Forme de l'acceptation, doit ſe faire par écrit : en quel ſens cela s'entend-il ? 37, 38.

Termes dans leſquels ſe fait l'acceptation, 38, 39.

Un Banquier qui a écrit une acceptation au bas d'une lettre laiſſée chez lui en ſon abſence, peut-il changer de volonté & barrer ſon acceptation avant que le rendre la lettre ? 38.

Le long temps pendant lequel celui ſur qui la lettre eſt tirée a gardé la lettre, fait-elle préſumer l'acceptation ? 39, 40.

L'acceptation doit être pur & ſimple, 40.

Acceptation *pour payer à ſoi-même*, lorſque l'accepteur eſt créancier ou propriétaire de la lettre, 40, 41.

Acceptation *pour payer à qui par juſtice ſera ordonné*, 41.

L'acceptation doit ſe faire pour même, ſomme & pour la même échéance, 41, 42.

Ce n'eſt que l'acceptation qui rend débiteur envers le propriétaire de la lettre, celui ſur qui elle eſt tirée, 119.

ACCEPTEUR.

C

M iij

D

E

F

H

Q

R

T

Fin de la Table des Matieres.

CATALOGUE

Des Ouvrages donnés au Public par M.
POTHIER ; & qui se vendent à Paris
chez DEBURE Pere, Libraire, Quai
des Augustins, à l'Image Saint Paul ;
Et à Orléans, chez la Veuve ROUZEAU-
MONTAUT, Imprimeur du Roi & de
l'Université, Rue Royale.

Coutumes des Duchés, Bailliage & Prévôté
d'Orléans, & ressort d'iceux ; avec une Intro-
duction générale auxdites Coutumes, & des
Introductions particulieres à la tête de chaque
titre ; dans lesquelles les principes des matie-
res contenues dans le titre, sont exposés &
développés. Le texte est accompagné de no-
tes, 1760, 2 vol. *in-12,*   8 liv.

Traité des Obligations, selon les regles tant du
for de la conscience, que du for extérieur,
nouvelle édition, 1768, 2 vol. *in-12*, 6 liv.

Traité du Contrat de Vente, selon les regles
tant du for de la conscience, que du for extérieur. Et le

Traité des Retraits, pour servir d'Appendice au
Traité du Contrat de Vente, *nouvelle édition*
1768, 2 vol. *in-12,*   6 liv.

Traité du Contrat de Constitution de Rente,
auquel on a joint le

Traité du Contrat de Change, de la Négociation
qui se fait par la Lettre de Change ; des Billets
de Change, & autres Billets de Commerce,
nouvelle édition 1768, 1 vol. *in-12.*   3 liv.

Traité du Contrat de Louage, selon les regles
tant du for de la conscience que du for extérieur; Et le

Traité du Contrat de Bail à Rente, deuxieme
édition, 1766, 1 vol. *in-12*,   3 liv.

Supplément au Traité du Contrat de Louage, *ou*
Traité des Contrats de Louage Maritimes, auquel on a joint le

Traité du Contrat de Société, selon les Regles,
tant du for de la conscience, que du for extérieur : On y a joint deux Appendices, dans
l'un desquels on traite des Obligations qui
naissent de la Communauté qui est formée sans
contrat de Société; & dans l'autre, de celles
qui naissent du Voisinage; Et le

Traité des Cheptels, selon les regles, tant du for
de la conscience, que du for extérieur, *nouvelle édition*, 1768, 1 vol. *in-12*,   3 liv.

Traité des Contrats de Bienfaisance, où l'on
trouve le traité du Prêt à usage, & du Pré-
caire; & le traité du Contrat de Prêt de Con-
somption;

Traité du Contrat de Dépôt & de Mandat; Appendice du Quasi-Contrat *Negotiorum gestorum*; Et le Traité du Contrat de Nantissement;

Traités des Contrats Aléatoires; où se trouvent
les Traités des Contrats d'Assurance; de Prêt
à la Grosse Aventure, & le Traité du Jeu,
1767, 3 vol. *in-12*,   7 liv. 10 s.

Traité du Contrat de Mariage; auquel on a joint
une Observation générale sur les précédents
Traités de l'Auteur, 1768, 1 vol. *in-12*, 6 liv.

Traité de la Communauté, 2 vol. *in-12*, *sous
presse*.

Traité du Douaire, 1 vol *in-12*, *sous presse*.

Tous ces Ouvrages se vendent séparément.